Olaf Kistenmacher

»Gegen den Geist des Sozialismus«

Olaf Kistenmacher

»Gegen den Geist des Sozialismus« Anarchistische und kommunistische Kritik der Judenfeindschaft in der KPD zur Zeit der Weimarer Republik

ça ira

Impressum

3. unveränderte Auflage, 2026

Günterstalstr. 37 www.ca-ira.net
79102 Freiburg info@ca-ira.net

Gestaltung und Umschlag Till Gathmann, Berlin
Umschlagbild Otto Pankok: Kaltnadelradierung zu »Die Ballade des Zuchthauses zu Reading« von Oscar Wilde, 142 mm × 198 mm. In 300 nummerierten Exemplaren bei Axel Juncker in Berlin 1923 (Luxusdrucke der Orplidbücher) erschienen.
Satz Martin Janz, Freiburg
Lektorat Johannes Fiebich, Wien
Druck Gyomai Kner Nyomda Zrt, Gyomaendrőd, Ungarn

ISBN 978-3-86259-146-6

Die Deutsche Bibliothek verzeichnet diese Publikation in der Deutschen Nationalbibliografie; detaillierte bibliografische Daten sind im Internet unter www.dnb.d-nb.de abrufbar.

Inhalt

Einleitung

Antisemitismus in der politischen Linken wurde nicht erst seit dem Sechstagekrieg 1967 kritisiert, als die westdeutsche Linke sich in kürzester Zeit auf eine Feindschaft gegen den jüdischen Staat verständigte, oder nach 1945, unter dem Eindruck der Shoah. Die Kritik des Antisemitismus in der Linken ist so alt wie das Problem selbst. 1862 schrieb Moses Heß, zeitweise Weggefährte von Karl Marx, in *Rom und Jerusalem*, »nicht nur bei Gegnern, sondern bei meinen eigenen Gesinnungsgenossen« habe er erlebt, dass sie »in jedem persönlichen Streite« zur »Hepwaffe« greifen würden.[1] Mit dem Wort »Hepwaffe« stellte Heß einen Zusammenhang zwischen den Anfeindungen in seinem Umfeld und der antisemitischen Gewalt her, die sich seit dem Ausbruch in Würzburg 1819 über Mittel- und Osteuropa ausgebreitet hatte und die von »Hep-Hep«-Rufen begleitet war.

Das Problem mit dem Antisemitismus ging in der zweiten Hälfte des 19. Jahrhunderts über einzelne Bemerkungen hinaus. Mitte der 1870er Jahre musste sich die Sozialistische Arbeiterpartei Deutschlands damit auseinandersetzen, dass Eugen Dühring in ihren Reihen agitierte und andere SAPD-Mitglieder bereit waren, dessen Weltanschauung »unter den Arbeitern zu verbreiten«. Gegen Dührings Gesellschaftsbild und seinen »bis ins Lächerliche übertriebne[n] Judenhaß« setzte Friedrich Engels 1878 das Buch, das als *Anti-Dühring* bekannt wurde.[2] Nichtsdestotrotz präsentierten sich die antisemitischen Gruppierungen im ausgehenden 19. Jahrhundert als Alternative zu der jungen sozialistischen Arbeiterbewegung, denn sie agi-

1 Moses Heß: Rom und Jerusalem. Die letzte Nationalitätenfrage [1862]. Sechster Brief. Wien / Jerusalem 1935, S. 56.

2 Friedrich Engels: Herrn Eugen Dührings Umwälzung der Wissenschaft. (»Anti-Dühring«) [1878]. Berlin (Ost) 1971, S. 5 u. 104.

tierten ebenfalls gegen die »Dynamiken der kapitalistischen Gesellschaft«.[3] Diese Konkurrenzsituation schlug sich auch in Engels' oft zitiertem Brief an die Wiener *Arbeiter-Zeitung* nieder, in dem er den Antisemitismus als »Abart des feudalen Sozialismus« bezeichnete und mahnte: Damit »können wir nichts zu schaffen haben«.[4]

Neben der klaren Ablehnung des Judenhasses zeichnete sich so noch eine weitere Haltung zur modernen Judenfeindschaft ab. Die Sozialdemokratie des späten 19. Jahrhunderts war überzeugt, so Paul W. Massing in *Vorgeschichte des politischen Antisemitismus*, dass die antisemitische Bewegung »im wesentlichen antikapitalistisch und daher potentiell revolutionär« sei; nur »irrtümlich« wende sie sich »gegen eine bestimmte Gruppe von Kapitalisten statt gegen das ganze kapitalistische System«.[5] Bis zu den Bolschewiki bestand in der politischen Linken die Hoffnung, den Antisemitismus »in Antikapitalismus verwandel[n]« zu können.[6] Entsprechend erklärte die Kommunistische Partei Deutschlands in einer ihrer ersten Veröffentlichungen, die sich mit dem gegenwärtigen Antisemitismus auseinandersetzte und an die Adresse der »Kleinbauern, Häusler und Landarbeiter« gerichtet war, dass »Profitgier« und »Wucher« nicht auf die »Juden« zurückgeführt werden könnten.

> »*Es herrscht überall dieselbe Profitgier*, dieselbe Bedenkenlosigkeit, derselbe Geist des Wuchers, der Raffgier. Und wer da nicht mitmachte, kam unter die Räder. [...] Der Staat selbst, der damals noch von Wilhelm II. und seinen Junkern regiert wurde, förderte diesen Wucher, dieses Schieben. Und auch im Felde wurde geschoben, gestohlen,

3 Paul W. Massing: Vorgeschichte des politischen Antisemitismus [1949]. Aus dem Amerikanischen von Felix J. Weil. Frankfurt am Main 1959, S. 11.

4 Friedrich Engels: Über den Antisemitismus. (Aus einem Brief nach Wien) [9. Mai 1890]. In: Iring Fetscher (Hg.): Marxisten gegen Antisemitismus. Hamburg 1974, S. 54–57, hier: S. 55.

5 Massing: Vorgeschichte des politischen Antisemitismus, S. 195.

6 Matthias Vetter: Antisemiten und Bolschewiki. Zum Verhältnis von Sowjetsystem und Judenfeindschaft 1917–1939. Berlin 1995, S. 86.

> gewuchert, und durchaus nicht nur von Juden in der Etappe.«[7]

Über den bekannten Großindustriellen Hugo Stinnes stellte die Broschüre klar: »*Stinnes ist kein Jude, er ist ein Christ!*«[8]

Einige der anarchistischen oder kommunistischen Linken, die bereits vor dem Zweiten Weltkrieg judenfeindliche Positionen in den eigenen Reihen wahrnahmen und kritisierten, versuchten auch, Erklärungen für das Problem zu geben. Die dabei entstandenen Texte waren allerdings vornehmlich tagespolitische Interventionen. Umfassendere theoretische Analysen folgten erst in den 1930er Jahren. Zu den frühen Kritikerinnen und Kritikern zählen Personen wie Franz Pfemfert, Herausgeber der Zeitschrift *Die Aktion*, oder der Anarchist Rudolf Rocker, aber auch Persönlichkeiten, die heute selbst jenseits der radikalen Linken keine Unbekannten sind: Rosa Luxemburg, Emma Goldman, Leo Trotzki oder Clara Zetkin. Sie gehörten unterschiedlichen Strömungen oder Parteien an – Anarchismus, Rätekommunismus, Bolschewismus – und sprachen nicht unbedingt für die Mehrheit ihrer jeweiligen Gruppierung oder ihres Parteiflügels. Luxemburg war 1910/11 entsetzt, als sich Mitglieder der Polska Partia Socjalistyczna (PPS) an einer antisemitischen Kampagne von Nationalliberalen beteiligten. Goldman und ihr anarchistischer Genosse Alexander Berkman veröffentlichten in den 1920er Jahren Berichte über eine judenfeindliche Stimmung in Russland und der Ukraine nach der Revolution. Anfang März 1926 fragte Trotzki Nikolai Bucharin in einem Brief, wie es möglich sei, »dass *in unserer Partei, in Moskau, in Arbeiterzellen* ungestraft eine Propaganda betrieben« werden dürfe, die »antisemitisch« sei.[9]

7 Spartakus [Edwin Hoernle]: Der Jud' ist Schuld! Ein ernstes Wort an alle Kleinbauern, Häusler und Landarbeiter! Leipzig/Berlin 1920, S. 4. – Sofern nicht anders angegeben, wurden hier wie im Folgenden die Hervorhebungen aus dem Original übernommen.

8 Ebd., S. 5.

9 Leo Trotzki an Nikolai Bucharin. 4. März 1926. In: Mario Keßler (Hg.): Leo Trotzki oder: Sozialisten gegen Antisemitismus. Berlin 2022, S. 120–122, hier: S. 122.

Es wäre aus heutiger Perspektive verlockend, die verschiedenen Strömungen der radikalen Linken – Anarchismus, Kommunismus, Marxismus-Leninismus, Trotzkismus – daran zu messen, wie viele radikale Kritikerinnen und Kritiker des Antisemitismus sich in ihren Reihen befanden. Für die anarchistische Linke spräche einerseits, dass sich mit Berkman und Goldman eine prominente Autorin und ein prominenter Autor nennen lassen, die bereits Mitte der 1920er Jahre auf die Judenfeindschaft im bolschewistischen Russland hinwiesen. Berkman behauptete sogar, die feindliche Stimmung werde aus »Moskau« befeuert.[10] Andererseits sind gerade von prominenten Anarchisten wie Michail Bakunin und Pierre-Joseph Proudhon rassistisch-antisemitische Aussagen überliefert.[11]

Doch ein solches Verrechnen würde die grundsätzliche Frage verfehlen. Es geht nicht darum, welche Strömung die wenigsten Fehler gemacht hat. Das Problem liegt tiefer. Die heutige radikale Linke muss sich mit der realen Geschichte der kommunistischen Parteien, der Bolschewiki, der KPD oder der anarchistischen Strömungen auseinandersetzen. Wer sich heute zur radikalen Linken zählt, kann sich, wie Bini Adamczak in *Gestern Morgen* schreibt, von dieser Geschichte nicht einfach lossagen. Das wäre der sinnlose Versuch, die eigene »Utopie rein halten zu wollen von den gewesenen Gemetzeln, von den Waffen der Revolutionäre, die sich gegen die Revolutionäre richteten«, reinzuhalten »von der Geschichte der Macht und den Kämpfen um sie«.[12]

In der Weimarer Republik existierte mit der KPD erstmals eine legale kommunistische Partei. Wiederholt kritisierten radikale Linke inner- und außerhalb der Partei antisemitische Aussagen prominenter Vertreterinnen und Vertreter der KPD oder deren Agitationsversuche im völkischen Milieu. Auch

10 Alexander Berkman: Der bolschewistische Mythos. Tagebuch aus der russischen Revolution 1920–1922. Aus dem Amerikanischen von Michael Halfbrodt. Frankfurt am Main 2004, S. 163.

11 Siehe Micha Brumlik: Antisemitismus im Frühsozialismus und Anarchismus. In: Ders./Doron Kiesel/Linda Reisch (Hg.): Der Antisemitismus und die Linke. Frankfurt am Main 1991, S. 7–16, hier: S. 13.

12 Bini Adamczak: Gestern Morgen. Über die Einsamkeit kommunistischer Gespenster und die Rekonstruktion der Zukunft. Münster 2007, S. 25.

die antizionistische Position der KPD wurde bereits Ende der 1920er Jahre in *Gegen den Strom*, der Wochenzeitung der sogenannten rechten KPD-Opposition, kritisiert. Eine Autorin oder ein Autor stellte 1929 fest, die KPD habe mit ihrer Feindschaft gegen den Zionismus und durch ihre proarabische Parteinahme den marxistischen Klassenstandpunkt verlassen. So verschieden die Kritiken und die Versuche waren, das Problem der Judenfeindschaft in der sozialistischen Arbeiterbewegung, der russischen oder der deutschen kommunistischen Partei zu erklären, so eint die in diesem Buch vorgestellten Linken, dass sie in Bezug auf Judenfeindschaft den Anspruch nicht aufgeben wollten, alle Zustände umzuwerfen, »in denen der Mensch ein erniedrigtes, ein geknechtetes, ein verlassenes, ein verächtliches Wesen ist«.[13] Das sollte Judenfeindschaft in all ihren Facetten einschließen. Dieser Anspruch geht in aktuellen Debatten über »linken Antisemitismus« verloren, wenn Verteidigerinnen und Verteidiger der parteikommunistischen Tradition das Problem mit der Begründung wegwischen wollen, in anderen Parteien und politischen Bewegungen sei die Judenfeindschaft schlimmer gewesen.

Das vorliegende Buch versteht sich als eine Einführung ins Thema. Es beruht zwar auf verschiedenen wissenschaftlichen Studien.[14] Aber es legt keine eigene neue Analyse vor. Es soll in erster Linie daran erinnern, dass die Kritik des Antisemitismus in der politischen Linken nicht erst nach 1945 einsetzte, und will nachzeichnen, wie dieses Problem vor dem Zweiten Weltkrieg gedeutet und erklärt wurde. Dabei lässt sich die vor-

13 Karl Marx: Zur Kritik der Hegelschen Rechtsphilosophie. Einleitung [1844]. In: Marx-Engels-Werke (MEW). Bd. 1. Berlin (Ost) 1976. S. 378–391, hier: S. 385.

14 Siehe Thomas Haury: Antisemitismus von links. Nationalismus, kommunistische Ideologie und Antizionismus in der frühen DDR. Hamburg 2002, S. 253–292; Mario Keßler: Sozialisten gegen Antisemitismus. Zur Judenfeindschaft und ihrer Bekämpfung (1844–1939). Hamburg 2022, S. 227–247; Olaf Kistenmacher: Arbeit und »jüdisches Kapital«. Antisemitische Aussagen in der KPD-Tageszeitung *Die Rote Fahne* während der Weimarer Republik. Bremen 2016; Martin W. Kloke: Israel und die deutsche Linke. Zur Geschichte eines schwierigen Verhältnisses. Frankfurt am Main 1990, S. 23–28. Birgit Schmidt: Wenn die Partei das Volk entdeckt. Anna Seghers, Bodo Uhse, Ludwig Renn u.a. Ein kritischer Beitrag zur Volksfrontideologie und ihrer Literatur. Münster 2001.

liegende Darstellung weitgehend von den Kritiken leiten, die bereits in den 1920er und 1930er Jahren verfasst wurden. Formal ähnelt der Ansatz damit Hendrik Wallats Rekonstruktion der linken Staatskritik.[15] Der Plan, ausschließlich diese frühe linke Kritik des Antisemitismus sprechen zu lassen, ließ sich jedoch nur eingeschränkt umsetzen. Insbesondere Mitte der 1920er Jahre begannen, nach dem Scheitern einer Revolution in Deutschland und mit dem Aufstieg Stalins, gewaltige Umbrüche innerhalb der Kommunistischen Internationale, die für viele (ehemalige) Mitglieder verstörend waren und ihr Augenmerk auf andere Probleme lenkten. Ab Ende der 1920er Jahre mehrten sich wieder die Stimmen, die nicht nur vor dem Nationalsozialismus und seinem Judenhass warnten, sondern auch auf judenfeindliche Einstellungen innerhalb der KPD aufmerksam machten. Aus verschiedenen Gründen ist die frühe Kritik des Antisemitismus von links lange Zeit in Vergessenheit geraten und wird erst in jüngerer Zeit wiederentdeckt. An dieses Vermächtnis zu erinnern, ist wichtig.

Die Idee zu diesem Buch ist viele Jahre alt. Joachim Bruhn machte mir vor über 15 Jahren erstmals das Angebot, meine Untersuchung antisemitischer Aussagen in der Tageszeitung der KPD, *Die Rote Fahne*, zur Zeit der Weimarer Republik bei ça ira zu veröffentlichen. Daraus wurde schließlich die Idee einer bündigeren Veröffentlichung zu diesem Thema. Es ist bedauerlich, dass er die Realisierung nicht mehr erleben kann. Ich danke Johannes Fiebich, David Hellbrück und Philip Zahner für ihr Lektorat. Robert Fechner, Frederik Fuß, Bonadea Haass, Florian Hessel, Nina Istók, Andrea Livnat, Kai Schubert, Katja Strube und Moritz Zeiler haben Teile des Manuskripts vorab gelesen und mir mit ihren Anmerkungen sehr geholfen. Ihnen danke ich ebenfalls von Herzen.

15 Siehe Hendrik Wallat: Staat oder Revolution. Aspekte und Probleme linker Bolschewismuskritik. Münster 2012.

Antisemitismus und Nationalismus im Krisenjahr 1923

Die Gemengelage, die der Rätekommunist Franz Pfemfert im Sommer 1923 in seiner Zeitschrift *Die Aktion* schildert, ist heute nur noch schwer vorstellbar. Auf einer Veranstaltung der KPD mit dem Titel *Wofür starb Schlageter? Kommunismus, Fascismus und die politische Entscheidung der Studenten* am 25. Juli 1923 trat Ruth Fischer als Rednerin vor einem Publikum auf, das Pfemfert als eine Mischung aus »patriotisch geilen Korpsstudenten« und »antisemitischen Weißgardisten« bezeichnete. Auf den Handzetteln, deren Wortlaut Pfemfert dokumentierte, waren »*besonders* die *völkischen* Gegner« eingeladen worden. Ein Jahr später sollte Fischer mit Arkadi Maslow den Vorsitz der KPD übernehmen. Dass sie aus einer jüdischen Familie stammte, war in der Weimarer Republik allgemein bekannt. Sie war die Schwester von Gerhard und Hanns Eisler.

Aus ihrer Rede gab Pfemfert als »Ohren- und Augenzeuge« einige Zitate wieder. Demnach scheint es zu einem Wortwechsel zwischen Fischer und dem Publikum gekommen zu sein, bei dem sie versucht hatte, ihre Zuhörer mit folgender Argumentation für sich zu gewinnen:

> »Sie rufen auf gegen das Judenkapital, meine Herren? *Wer gegen das Judenkapital aufruft, meine Herren, ist schon Klassenkämpfer*, auch wenn er es nicht weiß. Sie sind gegen das Judenkapital und wollen die Börsenjobber niederkämpfen. *Recht so. Tretet die Judenkapitalisten nieder, hängt sie an die Laterne, zertrampelt sie*. Aber meine Herren, wie stehen Sie zu den Großkapitalisten, den Stinnes, Klöckner …?«[1]

1 Franz Pfemfert: Die schwarzweiszrote Pest im ehemaligen Spartakusbund. In: Die Aktion. Wochenschrift für Politik, Literatur, Kunst, Nr. 14/1923.

Pfemfert gehörte zu den Gründungsmitgliedern der KPD.[2] Allerdings hatte er die Partei bald darauf wieder verlassen, war für kurze Zeit Mitglied der Kommunistischen Arbeiterpartei Deutschlands (KAPD) und später Sprecher der Allgemeinen Arbeiter-Union (AAU) gewesen. Er blieb Kommunist, Rätekommunist, und verfolgte die weitere Entwicklung der KPD wie auch die der KP Russlands und der Komintern bis zum Ende der Weimarer Republik in seiner Zeitschrift mit Berichten, Kritiken und Polemiken. Ab Mitte der 1920er Jahre publizierte er, mit tatkräftiger Unterstützung seiner aus Russland stammenden Frau, Alexandra Ramm, die als Übersetzerin tätig war, Texte von Leo Trotzki. Pfemfert vertrat bereits vor dem Ersten Weltkrieg einen »antinationalen« Standpunkt und kritisierte die KPD wiederholt dafür, sich dem herrschenden Nationalismus anzubiedern.

Für Pfemfert bedeutete Fischers Agitation vor einem rechtsextremen und antisemitischen Publikum einen Bruch mit der Tradition, die die KPD in seinen Augen nach wie vor repräsentieren sollte. Zwei Jahre später kam er noch einmal auf diesen Abend zurück und schrieb in der *Aktion*, zwischen der »antinationalen revolutionären Plattform« einerseits und dem »Buhlen um die Kampfesgemeinschaft mit deutschvölkischen Studenten« andererseits gebe es »keine Brücke«. »Die jüdische Professorentochter Ruth, die zum Pogrom auf ›Judenkapitalisten‹ Beifall klatscht und diesen Rassenhaß als ›Klassenkampf‹ gelten läßt, wäre aber auch die letzte Kreatur, mit der Rosa Luxemburg Gemeinschaft gehalten hätte.«[3] Die Tageszeitung *Die Rote Fahne* berichtete Ende Juli 1923 kurz über die Veranstaltung. Antisemitische Äußerungen wurden in dem Artikel nicht erwähnt, weder aus dem Publikum noch vom Podium. Das Zentralorgan der KPD zitierte allerdings eine weitere Aussage Fischers, die Pfemferts Schilderung eher bestätigt und ergänzt, als dass sie ihr widersprochen hätte:

2 Siehe Die Gründung der KPD. Protokoll und Materialien des Gründungsparteitages der Kommunistischen Partei Deutschlands 1918/1919. Hrsg. v. Hermann Weber. Berlin 1993, S. 316 u. 337.

3 Franz Pfemfert: Der zehnte Parteitag der KPD. In: Die Aktion, Nr. 13/14, 30. Juli 1925.

»Am Schluss rief Ruth Fischer den Studenten, die hartnäckig nach dem Großen Mann verlangt hatten, zu: ›Der Gigant, der Deutschland befreien wird, ist da! Ihr seht ihn nicht! Der Gigant ist das deutsche Proletariat, zu dem Ihr gehört, und mit dem Ihr gehen sollt!‹ – Dann lauter Beifall von allen Seiten, und die Gegner schieden, nicht gerade versöhnt, aber mit dem Gefühl gegenseitiger Achtung.«[4]

Pfemferts politische Aktivitäten begannen nicht erst in der Weimarer Republik. 1911 hatte er die Zeitschrift *Die Aktion. Zeitschrift für Politik, Literatur, Kunst* ins Leben gerufen und war seitdem ihr Herausgeber und Chefredakteur. Heute ist sie vor allem als Publikationsorgan expressionistischer Lyrik und bildender Kunst bekannt: Gottfried Benn, Else Lasker-Schüler, Heinrich Mann schrieben für sie, George Grosz oder Egon Schiele gestalteten die Titelseiten. Aber die *Aktion* war stets auch politisches Organ. Während des Ersten Weltkriegs veröffentlichte Pfemfert im Eigenverlag zum Beispiel Rosa Luxemburgs *Die Krise der Sozialdemokratie*, auch bekannt als *Junius*-Broschüre.[5]

1915 hatte Pfemfert mit einigen weiteren Intellektuellen die Antinationale Sozialisten-Partei / Gruppe Deutschland gegründet, die im November 1918 mit einem Aufruf in der *Aktion* an die Öffentlichkeit trat, der mit dem Slogan »Nieder mit den Vaterländern!« endete.[6] Einen »antinationalen« Standpunkt zu vertreten, war für Pfemfert nicht erst eine Reaktion auf die Unterstützung der Kriegskredite durch die Führung der SPD. Schon 1912 hatte er in der *Aktion* gefordert: »Wir haben

4 Zum Existenzkampf der geistigen Arbeit. In: Die Rote Fahne, Nr. 173, 29. Juli 1923.

5 Siehe Wolfgang Haug: Das »Phänomen« Franz Pfemfert – eine biographische Skizze. In: Ich setze diese Zeitschrift wider diese Zeit. Sozialpolitische und literaturkritische Texte. Hrsg. v. Wolfgang Haug. Darmstadt / Neuwied 1985, S. 7–62, hier: S. 36.

6 Antinationale Sozialisten Partei (A.S.P.) Gruppe Deutschland: Aufruf vom 16. November 1918. In: Teo Panther (Hg.): Alle Macht den Räten!. Bd. 1. Novemberrevolution 1918. Münster 2007, S. 235–238, hier: S. 238.

die Ehre der Vaterlandslosigkeit zu wahren!«[7] Ein Jahr später schrieb er unter der Überschrift *Die nationale Sozialdemokratie*:

> »Die Sozialdemokratie ist stolz auf ihren Internationalismus. In Wahrheit handelt es sich nicht darum, international zu sein, sondern *anti*national. In Wahrheit ist der ›Internationalismus‹ Humbug, Schwindel, Phrase. Und es sind nur feige Ausflüchte, wenn man zwischen Nationalismus und Chauvinismus einen Unterschied feststellen möchte.«[8]

Im Juli 1923 stellte Pfemfert unter der Überschrift *Der Antinationalismus – die Schlagader der sozialen Revolution!* klar:

> »Ohne antinationalistische Bewußtseinseinstellung bleibt alles Gerede und Geschreibe über Sozialismus dummes oder heimtückisches Geflunker! Wer als Ausgangspunkt seines politischen Denkens das ›Vaterland‹, die ›Nation‹ oder ein zwischen buntbekleckslten Grenzpfählen eingepferchtes ›Volk‹ hat, der ist, bestenfalls, ein kleinbürgerlicher Sozialdemokrat, immer ist er als Konterrevolutionär zu bekämpfen.«[9]

Der Antisemitismus war in der *Aktion* bereits vor dem Ersten Weltkrieg Thema.[10] Die Pogrome 1881 in Kiew, zwei Jahre vor Alexandra Ramms Geburt, die »unverhohlene Schadenfreude und versteckte Drohungen« in der Nachbarschaft hatten ihrer Familie das Gefühl vermittelt, als Jüdinnen und Juden im zaristischen Russland nie vor existenziellen Bedrohungen sicher sein zu können. Was genau Alexandra Ramm zu Beginn des 20. Jahrhunderts veranlasst hatte, das Land zu verlassen und

7 Franz Pfemfert: Was ist zu tun? [1912]. Zit. n. Haug: Das »Phänomen« Franz Pfemfert, S. 78 f.

8 Franz Pfemfert: Die nationale Sozialdemokratie (21. Mai 1913). In: Die Aktion 1911–1918. Wochenschrift für Politik, Literatur und Kunst. Eine Auswahl v. Thomas Rietzschel. Köln 1987, S. 170.

9 Franz Pfemfert: Der Antinationalismus – die Schlagader des sozialen Revolution! In: Die Aktion, Nr. 25/26, 15. Juli 1923.

10 Siehe Deutsche Juden über Kiew. In: Die Aktion, Nr. 45/1913; Franz Pfemfert: Deutsche Juden. In: Die Aktion, Nr. 36, 6. September 1913.

ihrer älteren Schwester nach Berlin zu folgen, lässt sich nicht mit Bestimmtheit sagen. Ihre Biografin Julijana Ranc vermutet, sie habe bereits in Russland »mit oppositionellen Kreisen« sympathisiert.[11]

Über die KPD-Veranstaltung mit Ruth Fischer im Juli 1923 berichtete Pfemfert unter der Überschrift *Die schwarzweiszrote Pest im ehemaligen Spartakusbund*. Mit der Bezeichnung »Spartakusbund« erinnerte er an die Anfänge der KPD. Seine Kritik richtete sich vor allem gegen den Nationalismus, den Ruth Fischer in ihrer Rede vor den Studierenden vertreten hatte. Er hob daraus zum Beispiel die Parolen hervor: »Rettung Deutschlands«, »Unser deutsches Vaterland«.[12] Nach Pfemferts Analyse war der Antisemitismus ein Symptom dieses Nationalismus. Der Fokus verschob sich etwas später, nachdem der *Vorwärts*, die Tageszeitung der SPD, Pfemferts Bericht unter der Überschrift *Ruth Fischer als Antisemitin* zitierte und der Anarchosyndikalist Rudolf Rocker im November 1923 in dem Zeitschriftenbeitrag *Judenpogrome und Antisemitismus* noch einmal auf Fischers Agitation zu sprechen kam. Mit der Deutung, wonach der Antisemitismus eine notwendige Folge des Nationalismus sei, stand Pfemfert, ob bewusst oder nicht, in der Tradition der von ihm geschätzten Rosa Luxemburg.

Rückblick: Luxemburgs Auseinandersetzung mit Antisemitismus in der polnischen Sozialdemokratie

1910/11 sah sich Luxemburg mit dem Problem konfrontiert, dass sich Mitglieder einer sozialistischen Partei an einer antisemitischen Kampagne beteiligten. Sie erklärte es mit deren Nationalismus. Es sei unmöglich, ein »Sozialnationalist« zu sein, »ohne Antisemit zu sein«, schrieb sie 1911 pointiert in der Zeitschrift *Czerwony Sztandar*. Bereits gegen Ende des 19. Jahrhunderts hatte die spätere KPD-Vorsitzende, so ihr Biograf

11 Julijana Ranc: Alexandra Ramm-Pfemfert. Ein Gegenleben. Hamburg 2003, S. 19 u. 21.

12 Pfemfert: Die schwarzweiszrote Pest.

Peter Nettl, ihren »Antinationalismus« entwickelt.[13] Dietmar Dath schreibt über Luxemburg, sie habe eine »vehement antinationalistische Position« vertreten, die sich auch »explizit gegen einen linksgestrickten Nationalismus richtete«.[14] In ihrer umfassenden Artikelserie *Nationalitätenfrage und Autonomie* für die polnische Zeitschrift *Przegląd Socjaldemokratyczny* nahm sie das Programm der Sozialistischen Arbeiterpartei Russlands (SAPR), der Partei Lenins, zum Anlass, die Vorstellung zurückzuweisen, sozialistische Parteien sollten sich für nationale »Selbstbestimmung« einsetzen oder im Namen von »Nationen« Politik machen.

1910 führten polnische Nationalliberale, die sich als »freidenkerisch« und »fortschrittlich« verstanden, eine antisemitische Kampagne gegen die Partei Luxemburgs, die Socjaldemokracja Królestwa Polskiego i Litwy (Sozialdemokratie des Königreichs Polen und Litauen), um eine erneute Streikwelle abzuwenden. Die Kernbehauptung dieser antisemitischen Kampagne lautete, die polnischen Arbeiterinnen und Arbeiter wären, als sie 1905 mit Massenstreiks einen Umsturz versucht hatten, von »Fremden« an der Spitze der Partei aufgehetzt und in die Irre geführt worden. Um die SDKPiL-Führung um Leo Jogiches und Luxemburg als Fremde gegenüber der »polnischen Sprache und Kultur« zu konstruieren, benutzten die polnischen Antisemitinnen und Antisemiten den Ausdruck »Litwaken«.[15] Aus eigenem Antrieb würde das polnische Proletariat, so die Nationalliberalen, keinen Generalstreik unternehmen, sondern der nationalen Wirtschaft und damit dem Vaterland dienen. Das antisemitische Stereotyp, wonach »Juden« das Proletariat aufhetzten und für ›fremde‹ Zwecke benutzten, kehrte in der Geschichte des Antikommunismus noch häufig wieder.

13 Peter Nettl: Rosa Luxemburg. Aus dem Englischen v. Karl Römer. Köln/Berlin 1969, S. 557.

14 Dietmar Dath: Rosa Luxemburg. Berlin 2010, S. 69.

15 Holger Politt: Einführung. In: Rosa Luxemburg: Nach dem Pogrom. Texte über Antisemitismus 1910/11. Aus dem Polnischen v. Holger Politt. Potsdam 2014, S. 9–19, hier: S. 17.

Der größte Schock für Luxemburg war, dass sich an der antisemitischen Kampagne auch Mitglieder der zweiten polnischen sozialdemokratischen Partei, der PPS, beteiligten. Sie erinnerte deswegen zunächst in einem der ersten Artikel daran, wie sich demonstrierende Arbeiterinnen und Arbeiter 1905 gegen einen antisemitischen Agitator gestellt hatten.

> »Plötzlich wurde es ganz eng um ihn, kaum atmen konnte er noch. Im nächsten Augenblick spürte er auf seinen Rippen die ungehobelten, starken Arbeiterfäuste und lag sofort am Boden, zusammen mit dem Atem verging ihm die Rede von den ›Juden‹, derart schnell wurde er rüde zusammengeknautscht, sodass er weder dazu kam, sich auf lange Jahre ›öffentlicher Arbeit‹ zu berufen, noch zu erklären, um welche Juden es ihm überhaupt gehe.«[16]

Es waren ausgerechnet Mitglieder der sich selbst als »Revolutionäre« bezeichnenden Fraktion der PPS, die sich an der Kampagne beteiligten. »Die letzten Monate«, schrieb Luxemburg im Februar 1911 in der *Czerwony Sztandar*, hätten etwas gezeigt, was »noch nie dagewesen, solange die Welt besteht: An der antisemitischen Kampagne hat sich eine Gruppe beteiligt, die sich sozialistisch schimpft, und zwar die ›Revolutionäre‹ Fraktion der PPS.«[17]

Bis ins 20. Jahrhundert hinein hatte die PPS die »Wiederherstellung Polens« gefordert.[18] Dass sich nun einige ihrer Mitglieder an einer antisemitischen Kampagne beteiligten, war sogar für andere in der PPS ein Skandal. Insbesondere in den Jugendverbänden begehre »das Gewissen« auf, schrieb Luxemburg. An die Adresse dieser Parteijugend gerichtet, erklärte sie, es sei eine Illusion zu glauben, »man könne Sozialnationalist sein, ohne Antisemit zu sein, als ob der entfesselte Nationalismus«

16 Rosa Luxemburg: Nach dem Pogrom [8. Oktober 1910]. In: Ebd., S. 33–40, hier: S. 36.

17 Rosa Luxemburg: Antisemitismus Arm in Arm mit dem Banditentum [1911]. In: Ebd., S. 87–97, hier: S. 89.

18 Rosa Luxemburg: Nationalitätenfrage und Autonomie. Aus dem Polnischen v. Holger Politt. Berlin 2012, S. 102.

in der PPS »vor der Pestflut des Antisemitismus geschützt wäre, die überall auf der Welt mit dem Nationalismus einhergeht«.[19] Indem sie den Antisemitismus mit schürte, hatte sich die PPS-Fraktion in Luxemburgs Augen von der Revolution und der sozialistischen Internationale verabschiedet. Die »Revolutionäre« Fraktion habe »unter der Fahne des Antisemitismus« den Weg ins »Lager der bürgerlichen Reaktion« gefunden. Denn der Antisemitismus diene der Reaktion dazu, die »Revolution mithilfe des Abschaums der Gesellschaft zu ersticken«.[20] Generell erwartete Luxemburg von der Sozialdemokratie, dass sie Judenfeindschaft unzweideutig ablehne und bekämpfe. Sie stellte klar:

> »Vom Standpunkt der Arbeiterklasse ist die jüdische Frage einerseits eine Frage von Rassenhass als Ausdruck gesellschaftlicher Reaktion, die im gewissen Maße unzertrennlich mit allen Gesellschaften verbunden ist und auf Klassenantagonismus beruht, eine Frage von Hass, der in den demokratischsten bürgerlichen Staaten ausbrechen kann. […] Die jüdische Frage ist andererseits und vor allem eine Frage der bürgerlichen Gleichberechtigung der Juden«.[21]

Mit ihrer klaren Haltung unterschied sich Luxemburgs Position, wie Lars Fischer in seiner Studie *The Socialist Response to Antisemitism in Imperial Germany* betont, von vielen anderen Stellungnahmen aus der Zweiten Internationale. Denn Luxemburg wies Judenfeindschaft zurück, ohne diese Kritik mit den anderen Fragen zu vermengen, die bis ins 20. Jahrhundert hinein unter dem Schlagwort »Judenfrage« verhandelt wurden. Innerhalb der Arbeiterbewegung wurden darunter die Fragen verstanden, wie Judenfeindschaft zu erklären sei, was die Arbeiterbewegung gegen sie unternehmen solle, wie eine jüdische Identität in der Moderne definiert werden könne und wie sich die politische Linke zum Zionismus posi-

19 Luxemburg: Antisemitismus Arm in Arm mit dem Banditentum, S. 93.
20 Ebd., S. 97.
21 Rosa Luxemburg: »Diskussion«. In: Dies.: Nach dem Pogrom, S. 65–73, hier: S. 72.

tionieren solle. Für Luxemburg hingegen gab es, so Fischer, »no immediate identity between the perception of ›the Jews‹ that lend themselves to antisemitic propaganda, on the one hand, and empirical Jewry, on the other«.[22]

Am 5. November 1910 kritisierte Luxemburg auch jene Genossinnen und Genossen, die in dieser Angelegenheit indifferent blieben und, anstatt sich klar gegen Judenfeindschaft auszusprechen, lieber »eine ›sachliche und ernsthafte‹ Diskussion« zur »jüdischen Frage« führen wollten. Es gebe, schrieb sie, Entwicklungen, von denen hätten »die Philosophen nicht zu träumen gewagt«. Nach der antisemitischen Hetze, »nach dem Pogrom«, als die polnischen Nationalliberalen nur noch »ein Bild von Elend und Verwüstung« böten, fange »in einem bestimmten Teil der linken Presse urplötzlich eine ›sachliche und ernsthafte‹ Diskussion an – zur jüdischen Frage!«[23]

Luxemburg nahm in der ganzen Serie von Artikeln eine internationalistische Position ein. Sie sah offensichtlich davon ab, dass sie persönlich gemeint war, und reagierte nicht als Jüdin, obwohl nicht zu übersehen war, dass sich die Kampagne unter anderem gegen sie richtete. 1917 fragte sie ihre Freundin Mathilde Wurm in einem Brief rhetorisch, was diese »mit den speziellen Judenschmerzen« wolle. Ihr selbst, so Luxemburg weiter, seien »die armen Opfer der Gummiplantagen in Putumayo [...] ebenso nahe« wie andere Menschen, die unter Diskriminierung und Unterdrückung litten. Sie habe »keinen Sonderwinkel im Herzen für das Ghetto«.[24] Dass sich Mitglieder der Revolutionären Fraktion der PPS an der antisemitischen Kampagne beteiligten, war für Luxemburg 1910/11 empörend. Doch wer wie sie davon ausging, dass die »Pestflut des Antisemitismus« stets »mit dem Nationalismus einhergeht«,[25] konnte aus theoretischer Sicht kaum überrascht sein.

22 Lars Fischer: The Socialist Response to Antisemitism in Imperial Germany. Cambridge u.a. 2007, S. 219.

23 Luxemburg: »Diskussion«, S. 65.

24 Rosa Luxemburg an Mathilde Wurm. 16. Februar 1917. Zit. n. Nettl: Rosa Luxemburg, S. 570.

25 Luxemburg: Antisemitismus Arm in Arm mit dem Banditentum, S. 93.

Auseinandersetzung über Antisemitismus und Nationalismus in der KPD 1920

1923 war nicht das erste Jahr, in dem antisemitische Aussagen aus den Reihen der KPD publik wurden. Für Betroffene wie Werner Scholem gehörte eine offene oder latente Feindseligkeit zu ihrem Alltag. Schon als Mitglied der Unabhängigen Sozialdemokratischen Partei Deutschlands (USPD) hatte der spätere KPD-Funktionär, wie Mirjam Zadoff in ihrer Biografie schreibt, gelernt, das Problem »zu ignorieren«.[26] Doch Scholem schwieg nicht immer. 1920 veröffentlichte er im *Volksblatt* die Erklärung *In eigener Sache* und stellte gegenüber seinen Genossinnen und Genossen klar: »Auf die Beschimpfungen wegen meiner jüdischen Abstammung zu antworten, halte ich für unter meiner Würde. Diejenigen Gesellen, die mit derartigen Mitteln arbeiten, mögen schleunigst aus der USPD aus- und in den Deutschvölkischen Schutz- und Trutzbund eintreten.«[27]

Die USPD- oder KPD-Mitglieder, die aus jüdischen Familien stammten, nahmen nicht nur offenen Judenhass wahr, sondern auch subtilere Formen, mit denen sie innerhalb der Arbeiterparteien konfrontiert waren. 1921 berichtete die *Rote Fahne*, der *Vorwärts* habe August Thalheimer den falschen Vornamen »Abraham« gegeben. Thalheimer war Chefredakteur der *Roten Fahne*. Als Überschrift zitierte die *Rote Fahne* den antisemitischen Schlachtruf »Juden raus« und erklärte, bei der SPD machten sich die »hervorstechendsten Merkmale des Kleinbürgertums bemerkbar«, wozu »notwendigerweise der Antisemitismus« gehöre.[28] Menschen mit falschen Namen als jüdisch zu markieren und sie so auch weit über völkische Milieus hinaus zu stigmatisieren, war in der Weimarer Republik eine bekannte Strategie. Die *Rote Fahne* bediente sich der Strategie in den Jahren 1923/24 ebenfalls, als sie dem

26 Mirjam Zadoff: Der rote Hiob. Das Leben des Werner Scholem. München 2014, S. 133.

27 Werner Scholem: In eigener Sache [1920]. Zit. n. Zadoff: Der rote Hiob, S. 140.

28 »Juden raus!« In: Die Rote Fahne, Nr. 172, 18. April 1921.

Vizepolizeipräsidenten von Berlin, Bernhard Weiß, wiederholt den falschen Vornamen »Isidor« gab.[29]

Die Auseinandersetzung, die die Zentrale der KPD 1920 mit nationalbolschewistischen und antisemitischen Positionen in den eigenen Reihen führen musste, betraf die Partei in einem ungleich stärkeren Maß. In ihrem Verlauf spaltete sich die KPD, viele Mitglieder wechselten zur neu gegründeten Kommunistischen Arbeiterpartei Deutschlands. »Die KPD verlor ihre stärksten Organisationen; ihr Mitgliederbestand von etwa 107 000 reduzierte sich auf etwa die Hälfte. In Berlin blieben ihr von 10 000 nur einige Dutzend Mitglieder.«[30] Obwohl die zweite kommunistische Partei schon bald wieder an Bedeutung verlor, blieb die Sorge vor entsprechenden Tendenzen in der KPD präsent. Noch 1924 warnte Clara Zetkin vor »KAPisten« und »Antisemiten« innerhalb der Partei.[31] Die KAPD fungierte als ein Sammelbecken, in dem verschiedene Strömungen zusammenfanden, für die die KPD keine Option war, und lässt sich nicht auf eine Position reduzieren. In ihr kamen neben nationalbolschewistischen auch rätekommunistische oder anarchosyndikalistische Positionen zusammen.

In Hamburg war es ebenfalls die Mehrheit, die 1920 von der KPD zur KAPD wechselte. Es waren ihre Wortführer, die, wie Hans Manfred Bock in seiner Studie *Syndikalismus und Linkskommunismus von 1918 bis 1923* schreibt, in ihrer Hetze gegen den KPD-Vorsitzenden Paul Levi »bis zum offenen Antisemitismus« gingen, »indem sie Levi als Agenten des internationalen jüdischen Finanzkapitals hinstellten, der als solcher notwendig national subversive Politik treiben müsse«.[32] In ihrer Flug-

29 Siehe Dietz Bering: Kampf um Namen. Bernhard Weiß gegen Joseph Goebbels. Stuttgart ²1992, S. 242; Der kleine Moritz im Pech oder Isidor Weiß als völkischer Held. In: Die Rote Fahne, Nr. 53, 16. Mai 1924.

30 Ossip K. Flechtheim: Die KPD in der Weimarer Republik [1948]. Frankfurt am Main ²1976, S. 145.

31 Bericht über die Verhandlungen des IX. Parteitages der Kommunistischen Partei Deutschlands (Sektion der Kommunistischen Internationale). Abgehalten in Frankfurt am Main vom 7. bis 10. April 1924. Berlin 1924, S. 93.

32 Hans Manfred Bock: Syndikalismus und Linkskommunismus von 1918 bis 1923. Ein Beitrag zur Sozial- und Ideengeschichte der frühen Weimarer Republik [1969]. Darmstadt 1993, S. 277.

schrift *Kommunismus gegen Spartakismus. Eine reinliche Scheidung* hatten der Vorsitzende der Kommunistischen Partei in Hamburg, Heinrich Laufenberg, und sein Kompagnon Fritz Wolffheim geschrieben, die »unsägliche Führerpolitik« der KPD ermögliche es, dass

> »das schamloseste Subjekt aller Zeiten und aller Länder, daß der Judas der deutschen Revolution, daß *Paul Levi* durch die Beherrschung des organisatorischen Apparates des Spartakusbundes, durch die Verfügung über dessen Gelder, durch die besonderen internationalen Verbindungen, über die dieses Subjekt verfügt, den *herostratischen Akt der Weltgeschichte* vollzieht, und daß eine schon in ihren ersten Anfängen gewaltige, revolutionäre Volkserhebung von gigantischer Kraft in eine wüste Orgie der Käuflichkeit, Feigheit, Jämmerlichkeit – und schließlich Selbstzerfleischung der deutschen Arbeiterklasse verwandelt werden konnte«.[33]

In den Anfeindungen bündelten sich mehrere antisemitische Stereotype. Levi habe das Proletariat verraten, sei ein »Judas« und hätte seine »besonderen internationalen Verbindungen« genutzt, um aus dem Revolutionsversuch im Deutschen Reich eine »Orgie der Käuflichkeit, Feigheit, Jämmerlichkeit« zu machen. Die Hetze gegen Levi war nicht von den Stereotypen zu trennen, die die Hamburger Nationalbolschewiki zu dieser Zeit über das »nationale Judentum« verbreiteten. Das »nationale Judentum« verfüge, so die *Kommunistische Arbeiterzeitung* im Juni 1920, über den Besitz und die »Kontrolle des internationalen Finanzkapitals«. Da das »internationale *Finanzkapital*« sich »vorwiegend in jüdischen Händen« befinde, wären alle Versuche, sich »antinational bemerkbar« zu machen, »in ihrer Wirkung notwendig jüdisch national, wenn sie nicht auch den Kampf gegen das nationale Judentum ausdrücklich zum Inhalt ihrer antinationalen Politik gemacht haben, weil eben gerade

33 Heinrich Laufenberg/Fritz Wolffheim: Kommunismus gegen Spartakismus. Eine reinliche Scheidung. Hamburg 1920, S. 9.

das nationale Judentum die Organisation für Besitz und Kontrolle des internationalen Finanzkapitals ist«.[34]

Für die *Rote Fahne* übernahm es August Thalheimer selbst, die Positionen des Hamburger Nationalbolschewismus in einer Artikelserie zurückzuweisen. Den Schlusspunkt setzte Lenin im Juni 1920 mit der Broschüre *Der »linke Radikalismus«, die Kinderkrankheit im Kommunismus*, in der der Vorsitzende der Bolschewiki forderte, sich von »den himmelschreienden Absurditäten des ›Nationalbolschewismus‹ (Laufenberg u.a.) loszusagen«.[35] Thalheimers Artikelserie wurde mit einem weiteren Text von Karl Radek, der zu dieser Zeit die Komintern in Deutschland repräsentierte, in der Broschüre *Gegen den Nationalbolschewismus!* nachgedruckt. Bereits der Titel von Thalheimers Artikeln, *Kommunismus, Nation und Krieg*, machte deutlich, dass in diesem innerparteilichen Konflikt die grundsätzliche Position zur Nation und zum Nationalismus verhandelt wurde.

Thalheimer wies die Angriffe gegen Paul Levi in seiner ausführlichen Auseinandersetzung als verleumderisch zurück und beschrieb die Sprache der Hamburger Flugschrift als »Jargon der Ludendorffer«, verortete sie also in der Nähe der reaktionären Rechten:

> »Die ›reinliche Scheidung‹, die Laufenberg und Wolffheim vom Kommunismus vollziehen, ist begleitet von Schmutztüten der Verleumdungen. Die Schrift, die die volle Kapitulation der Verfasser und ihrer Organisation nicht nur vor dem Geist, sondern selbst vor dem Jargon der Ludendorffer bedeutet – ›die Erdolchung der deutschen Front‹ im Oktober 1918 ist eines der Juwelen dieses gemeinsamen Sprachwerks – diese Schrift verleumdet die Führer des Spartakusbundes als Agenten des englischen Imperialismus, sie bezeichnet Karl Liebknecht und Rosa Luxemburg

34 Poale Zion. In: Kommunistische Arbeiterzeitung, Nr. 61, 5. Juni 1920.

35 Wladimir I. Lenin: Der »linke Radikalismus«, die Kinderkrankheit des Kommunismus [1920]. Peking 1973, S. 75.

> als die unbewußten Opfer eines solchen englischen Agenten des Spartakusbundes – des Genossen Paul Levi.«[36]

Bei aller Kritik war Thalheimer im Mai 1920 noch der Meinung, Laufenberg und Wolffheim würden der völkischen Rechten zwar nahekommen, in ihrer Agitation aber den Antisemitismus aussparen:

> »Der Nationalismus, zuvor eine persönliche Marotte der Wolffheim-Laufenberg und ihres lokalen Hamburger Anhangs, tritt jetzt als offizielle Parteisache auf, eignet sich das Idiom der Ludendorff, Bauer, Reventlow an und nicht minder ihre politischen Manieren: Die Versammlungssprengung, den individuellen Terror bis auf die antisemitische Hetze.«[37]

So ging Thalheimer auf die antisemitischen Bilder, die Laufenberg und Wolffheim in ihrer Hetze gegen Levi benutzten, nicht weiter ein. Radek bekräftigte in seinem Beitrag zu der Broschüre *Gegen den Nationalbolschewismus!*, dass es sich bei der politischen Ausrichtung von Laufenberg und Wolffheim »um eine nationalistische Politik« handle, für die es innerhalb der KPD keinen Platz geben dürfe. Denn während die Nationalbolschewiki die Einheit der Nation propagierten, seien für Kommunistinnen und Kommunisten die Gegensätze gerade innerhalb der nationalen Gesellschaften wesentlich. Die nationalbolschewistische Agitation sei insbesondere deswegen gefährlich, weil sie so populär sei. Es sei »dem Volke viel leichter einzureden«, dass »dem Ausland gegenüber alle Klassen der Gesellschaft gemeinsame Interessen« hätten.[38] Die antisemitische Agitation erwähnte aber auch Radek nicht.

36 Kommunismus, Nation und Krieg. In: Die Rote Fahne, Nr. 70, 6. Mai 1920.

37 Kommunismus, Nation und Krieg. In: Die Rote Fahne, Nr. 85, 23. Mai 1920.

38 Karl Radek: Die auswärtige Politik des deutschen Kommunismus und der Hamburger nationale Bolschewismus. In: Karl Radek/August Thalheimer: Gegen den Nationalbolschewismus! Zwei Aufsätze. [Berlin] 1920, S. 3–17, hier: S. 14 f.

Das änderte sich im Juni 1920, als die *Rote Fahne* die Attacken kommentierte, die Laufenberg und Wolffheim sowohl gegen den KPD-Vorsitzenden als auch gegen Oskar Cohn von der USPD richteten. Nachdem sie einige Beispiele für die Hetze zitiert hatte, fragte die Tageszeitung der KPD ironisch, ob es »nicht ein schmerzender Undank« sei, wenn »Antisemiten mit erkennbarer Absicht nach wie vor die Plakate, auf denen Laufenbergs und Wolffheims Versammlungen angekündigt werden, mit ihren Zetteln ›Los von Juda‹ bekleben«.[39] Nachdem Laufenberg und Wolffheim im September 1920 auch aus der KAPD ausgeschlossen wurden, bezeichnete das Zentralorgan der KPD Wolffheim in einer Überschrift als »deutsch-völkisch« und rechnete ihn wie auch Laufenberg den »antisemitischen Kapp-Offizieren« zu.[40] Der Antisemitismus des nationalbolschewistischen Flügels erschien so als eine Folge der Anpassung an den rechten Nationalismus. Eine tiefergehende Auseinandersetzung mit der Frage, warum antisemitische Stereotype und verschwörungsideologische Darstellungen in einer lokalen kommunistischen Partei auf viel Zuspruch stießen, blieb aus.

Obwohl die KAPD schnell an Bedeutung verlor und Laufenberg »von der politischen Bildfläche« verschwand,[41] blieben nationalbolschewistische Strömungen als eine unterschwellige Bedrohung präsent. Ein Jahr nach dem Ausschluss von Laufenberg und Wolffheim war es ausgerechnet Ruth Fischer, die in der *Roten Fahne* warnte, man dürfe »mit dem Feuer des Nationalbolschewismus« nicht »*spielen*«. »Nationalbolschewistische Ideen« hätten »stärkeren Anhang innerhalb breiter Arbeitermassen, als es in ›ruhigen‹ Zwischenzeiten aussehen mag«.[42] Das Problem war nicht auf die Hamburger KPD beschränkt geblieben. Das langjährige KPD-Mitglied Karl Retzlaw erinnerte später, dass Otto Graf, ein bekannter Funktionär der Partei, in München auf einer Kundgebung vor »der

39 Die K.A.P.D. in Hamburg. In: Die Rote Fahne, Nr. 97, 6. Juni 1920.

40 Der deutsch-völkische Wolffheim. In: Die Rote Fahne, Nr. 191, 24. September 1920.

41 Bock: Syndikalismus und Linkskommunismus, S. 281.

42 Die Rettung der deutschen Nation. In: Die Rote Fahne, Nr. 69, 11. Februar 1921.

allgemein bekannten völkisch-nationalistischen Studentenbewegung« aufgetreten sei und seine »völlige Übereinstimmung« mit den politischen Auffassungen seines Publikums bekundet habe. Graf leitete seit 1919 die Münchner *Neue Zeitung*, zuvor das Organ der Sozialdemokratie. Er habe ihr, wie Retzlaw schreibt, einen »stark antisemitischen Einschlag« gegeben.[43] Erst 1922 schloss die KPD Graf aus.

In dem Konflikt zwischen KPD-Zentrale und dem Hamburger Flügel standen sich nicht Internationalismus auf der einen und Nationalbolschewismus auf der anderen Seite gegenüber. Als die *Rote Fahne* die Positionen von Laufenberg und Wolffheim zurückwies, war die Pointe ihrer Kritik vielmehr, dass der Nationalbolschewismus selbst keine »nationalen« Interessen verfolge. Wenn Laufenberg und Wolffheim, so die *Rote Fahne* im April 1920, den gemeinsamen Kampf mit der Bourgeoisie propagierten und dabei mit Vertretern des Kapitals zusammenarbeiten wollten, ignorierten sie, dass »dem Kapitalismus Nationalität völlig gleichgültig« sei.[44] Entsprechend verwarf Thalheimer auch nicht die Forderung nach einer »nationalen Befreiung«, sondern schrieb an die Adresse der Hamburger KP: »Die nationale Befreiung ist die notwendige *Folge* der sozialen Befreiung.«[45] Radek begann seine Ausführungen in *Gegen den Nationalbolschewismus!* ebenfalls mit der Forderung, sich gegenüber Bürgerlichen nicht zu verschließen, die »aus nationalen Gründen« eine Annäherung an Sowjetrussland befürworteten. Solange deren Hinwendung zum Bolschewismus ein »ehrliches Suchen nach Wegen der Rettung nicht nationaler Vorrechte, sondern der deutschen Kultur« sei, habe »die kommunistische Partei die Pflicht, sich nicht mit reiner Negation zu begnügen«.[46]

43 Spartakus [Karl Retzlaw]: German Communists I. Die Kommunistische Partei 1919–1933 [1944]. Aus dem Englischen von Ulrike und Ursula Folta. In: Curt Geyer u.a.: Fight for Freedom. Die Legende vom »anderen Deutschland«. Hrsg. v. Jan Gerber u. Anja Worm. Freiburg 2009, S. 119–133, hier: S. 126 f.

44 Der nationale Bolschewismus. In: Die Rote Fahne, Nr. 59, 24. April 1920.

45 Kommunismus, Nation und Krieg. In: Die Rote Fahne, Nr. 70, 6. Mai 1920.

46 Radek: Die auswärtige Politik, S. 3.

Zu dieser Zeit bediente sich die *Rote Fahne* mitunter einer merkwürdigen nationalistischen Metaphorik. Ausgerechnet in einem Artikel, der die polizeiliche Verfolgung von Jüdinnen und Juden aus Osteuropa und Russland anprangerte, hieß es im März 1920 gleich zu Beginn:

> »Deutschland ist von einer ausländischen Schakalmeute überlaufen, die im Bunde mit seelenverwandten geschäftstüchtigen Inländern mit der letzten beweglichen Habe des ruinierten Wirtschaftskörpers einen wucherischen schamlosen Handel treibt. Aber diese Elemente sind es nicht, gegen die sich der Zorn der Ebertrepublik oder der deutschen Bourgeoisie richtet.«[47]

Zuvor hatte die Polizei Razzien bei jüdischen Migrantinnen und Migranten durchgeführt und rund 1000 von ihnen in Lager gesperrt. Die Arbeiterparteien, schreibt Trude Maurer in ihrer Studie *Ostjuden in Deutschland 1918–1933*, waren die einzigen, die entschieden gegen die Diskriminierung der »Ostjuden« protestierten und sich, wenn auch ohne große Erfolge, gegen die »Internierungslager« aussprachen.[48] In dem Beitrag *Konzentrationslager für Ausländer* gebrauchte die *Rote Fahne* eine Sprache, als wollte sie die nationalistische, antisemitische und rassistische Stimmung noch schüren, um sie dann in eine andere Richtung zu lenken. In ihrer Haltung zum Patriotismus, zur Nation, zu Deutschland blieb die KPD die ganze Zeit der Weimarer Republik hindurch ambivalent. Einerseits grenzte sie sich von den rechten nationalistischen Parteien ab. Andererseits versuchte sie immer wieder, eine »Identität von ›nationalem‹ und ›proletarischem‹ Interesse« zu konstruieren, wie Thomas Haury in seiner Studie *Antisemitismus von links. Nationalismus, kommunistische Ideologie und Antizionismus in der frühen DDR* in dem Kapitel zur KPD schreibt.[49] Besonders deutlich wurde das 1923 während des Schlageter-Kurses.

47 Konzentrationslager für Ausländer. In: Die Rote Fahne, Nr. 25, 8. März 1920.

48 Trude Maurer: Ostjuden in Deutschland 1918–1933. Hamburg 1986, S. 250 u. 430.

49 Haury: Antisemitismus von links, S. 271 f.

Agitation im völkisch-rechtsextremen Milieu

Sowohl die zeitgenössische Kritik als auch die spätere Forschung haben sich auf Ruth Fischers Auftritt vor völkischen Studierenden im Sommer 1923 konzentriert.[50] Dabei war sie nicht das einzige prominente Mitglied der KPD, das in diesem Sommer vor einem rechtsextremen Publikum auftrat und sich der antisemitischen Redeweise von einem »jüdischen Kapital« bediente, um Menschen für die kommunistische Partei zu gewinnen. Acht Tage nach ihr sprach Hermann Remmele, Mitglied der KPD-Zentrale, in Stuttgart auf einer Versammlung der Nationalsozialistischen Deutschen Arbeiterpartei (NSDAP). Seine Rede wurde in der *Roten Fahne* dokumentiert. Laut Protokoll reagierte Remmele auf Zwischenrufe mit einer ganz ähnlichen Argumentation wie Fischer:

> »Sie, die Faschisten, geben nun an, das jüdische Finanzkapital zu bekämpfen. Schön. Tun Sie das! Einverstanden! (Stürmischer Beifall bei den Faschisten.) Aber Sie dürfen eines nicht vergessen, das Industriekapital! (Zuruf bei den Faschisten: ›Bekämpfen wir genau so!‹) Denn in Wirklichkeit ist das Finanzkapital nichts anderes als das Industriekapital.«[51]

Der Parteivorsitzende Heinrich Brandler benutzte in einem ähnlichen Zusammenhang den Ausdruck »das verjudete Finanzkapital«. Er forderte Anfang August 1923 in der *Roten Fahne*, die KPD müsse den Kleinbauern, Kleinbürgern und Intellektuellen »begreiflich machen, daß nicht nur das verjudete Finanzkapital, sondern noch mehr das arische Industrie- und Agrarkapital an seinem und unserem Niedergang schuld sind. Wir müssen dem ehrlich national empfindenden Klein-

50 Siehe Flechtheim: Die KPD in der Weimarer Republik, S. 178 f.; Ralf Hoffrogge: Der Sommer des Nationalbolschewismus? Die Stellung der KPD-Linken zum Ruhrkampf und ihre Kritik am »Schlageter-Kurs« von 1923. In: Sozial.Geschichte Online, Nr. 20/2017.

51 Rede des Genossen Remmele in der Faschistenversammlung in Stuttgart. In: Die Rote Fahne, Nr. 183, 10. August 1923.

bürger die nationale Unterdrückung als Folge der Herrschaft des internationalen Kapitals zeigen«.[52] Radek ging in der Diskussion mit dem bekannten völkischen Politiker Ernst Graf von Reventlow, die in der *Roten Fahne* dokumentiert wurde, noch darüber hinaus und behauptete, die deutschen Großindustriellen würden »mit den jüdischen Kapitalisten zusammen Deutschland beherrschen«.[53] Keiner von ihnen scheint solche Aussagen und Argumentationen als antisemitisch angesehen zu haben.[54] Besonders deutlich ist das bei Fischers und Remmeles Auftritten. Beide distanzierten sich vom Judenhass der Gegenseite, ermunterten ihr Nazi-Publikum aber zugleich zur Gewalt gegen ein »jüdisches Kapital«.

Fischer und Remmele gaben sich überzeugt, dass hinter dem antisemitischen Ressentiment ein unbewusster Antikapitalismus stecken würde. Das war gerade die Voraussetzung ihrer Versuche, im völkischen Milieu neue Anhängerinnen und Anhängern gewinnen zu wollen. Fischer verlieh dieser Hoffnung in der pointierten Formulierung Ausdruck, wer »gegen das Judenkapital« aufrufe, sei »bereits Klassenkämpfer«. Die Hoffnung, antisemitische Bewegungen und Parteien würden ein antikapitalistisches Potenzial bergen, bestand in der organisierten Arbeiterbewegung bereits im 19. Jahrhundert. Die *Rote Fahne* zitierte wiederholt die fälschlicherweise August Bebel zugeschriebene Formel, Antisemitismus sei der »Sozialismus der dummen Kerls«.[55] Obwohl Bebel die Formel

52 Schwarzhemden und Sowjetblusen. In: Die Rote Fahne, Nr. 178, 4. August 1923.

53 Kommunismus und deutsche nationalistische Bewegung. Von Karl Radek. In: Die Rote Fahne, Nr. 188, 16. August 1923.

54 Nach dem Zweiten Weltkrieg schrieb Ruth Fischer, ihre Äußerung aus dem Jahr 1923 sei »immer wieder« entstellt wiedergegeben worden. Sie habe gesagt, die KPD wäre »nur dann für die Bekämpfung der jüdischen Kapitalisten«, wenn »alle Kapitalisten, jüdische und nicht-jüdische, Ziel des gleichen Angriffs« seien. Ruth Fischer: Stalin und der deutsche Kommunismus. Bd. 1. Von der Entstehung des deutschen Kommunismus bis 1924 [1948]. Aus dem Englischen v. Heinz Langerhans. Berlin 1991, S. 354 f., Fn. 16.

55 Gegen Schiebertum und Bolschewismus. In: Die Rote Fahne, Nr. 39, 2. April 1920; Juda verrecke …! Was ist Antisemitismus? In: Die Rote Fahne, Nr. 224, 23. September 1930. – Die Formel »Sozialismus der dummen Kerls« sei zwar ein »hübscher Einfall«, aber sie treffe, so August Bebel im Gespräch mit

für falsch hielt, gab er sich auf dem Kölner Parteitag 1893 überzeugt, dass die antisemitische Bewegung mit der Zeit »wider Willen revolutionär« werden würde.[56] In dieser Hoffnung, so die Historikerin Rosemarie Leuschen-Seppel in *Sozialdemokratie und Antisemitismus. Die Auseinandersetzungen der Partei mit den konservativen und völkischen Strömungen des Antisemitismus 1871–1914*, waren sich im ausgehenden 19. Jahrhundert »alle Fraktionen« innerhalb der SPD einig. Sie glaubten, der Judenhass der völkischen Bewegungen werde einen »politischen Radikalisierungsprozeß der Mittelschichten« durchlaufen, der »letztlich der Sozialdemokratie zugute« kommen würde.[57] Zu dieser Tradition passte es, dass die *Rote Fahne* im März 1923 Auszüge aus Karl Marx' *Zur Judenfrage* abdruckte. In der abgedruckten Passage fanden sich auch die antisemitischen Essenzialisierungen, die Marx in seiner Erwiderung auf Bruno Bauer übernommen hatte. Mit der Überschrift *Den Nationalsozialisten ins Stammbuch* gab die Redaktion des Zentralorgans der KPD dem Abdruck zudem einen Sinn, den Marx 1844 gar nicht intendiert haben konnte.[58]

Um bei der Deutung, dass es sich beim Antisemitismus um einen nicht voll bewussten Antikapitalismus handeln würde, bleiben zu können, musste Remmele im Sommer 1923 selbst antisemitische Vorstellungen reproduzieren. Denn diese Deu-

Hermann Bahr, »doch die Sache nicht«. (Hermann Bahr: Der Antisemitismus. Ein internationales Interview [1894]. Weimar 2005, S. 21–24, hier: S. 22.)

56 August Bebel: Vorschlag einer Resolution zum Thema Antisemitismus und Sozialdemokratie [1893]. In: Fetscher: Marxisten gegen Antisemitismus, S. 58–77, hier: S. 76.

57 Rosemarie Leuschen-Seppel: Sozialdemokratie und Antisemitismus. Die Auseinandersetzungen der Partei mit den konservativen und völkischen Strömungen des Antisemitismus 1871–1914. Bonn 1978, S. 155. – Unter dem Eindruck der Pogrome in Russland »gab« die SPD ab 1905 »die Hoffnung auf, der Antisemitismus würde einen nicht-intendierten progressiven Effekt haben«, schreibt Christian Dietrich. Die Formel vom Antisemitismus als dem »Sozialismus der dummen Kerls«, die diese Hoffnung ausdrückt, wurde allerdings nach wie vor oft zitiert, und Bebels Analyse blieb ein wichtiger Referenzpunkt. (Christian Dietrich: Im Schatten August Bebels. Sozialdemokratische Antisemitismusabwehr als Republikschutz 1918–1932. Göttingen 2021, S. 11, 92 f. u. 236 f.).

58 Karl Marx: Zur Judenfrage. Den Nationalsozialisten ins Stammbuch. In: Die Rote Fahne, Nr. 61, 14. März 1923.

tung setzte voraus, dass Jüdinnen und Juden nicht ganz zu Unrecht mit der Bourgeoisie und mit dem Kapital identifiziert werden. Das wird an den folgenden Ausführungen deutlich, die beim nationalsozialistischen Publikum entsprechend auf Beifall stieß:

> »Wie dieser Antisemitismus entsteht, kann ich ja sehr leicht begreifen. Man braucht nur einmal auf den Stuttgarter Viehmarkt, nach dem Schlachthof zu gehen, um dort zu sehen, wie Viehhändler, die größtenteils zum Judentum gehören, zu jedem Preise das Vieh aufkaufen, während die Stuttgarter Metzger wieder leer abziehen müssen, weil sie einfach nicht so viel Geld haben, Vieh kaufen zu können. (Sehr richtig! bei den Faschisten.)«[59]

Remmeles Herleitung implizierte eine grundsätzliche Sonderstellung der Viehhändler, die »größtenteils zum Judentum gehören«, innerhalb der deutschen Gesellschaft. Nur unter dieser Voraussetzung erschien es denkbar, dass sie von der ungeheuren Inflation im Krisenjahr 1923 nicht betroffen wären und nach wie vor so viel Geld besäßen, dass sie »zu jedem Preise« das Vieh kaufen konnten. In ihren Konsequenzen waren Remmeles Ausführungen ebenfalls widersinnig. Wenn die Viehhändler wirklich »zu jedem Preise« Rinder und Schweine kauften, hätten sie nicht nur gegen ihre eigenen ökonomischen Interessen gehandelt, sondern auch die nichtjüdische Bauernschaft saniert.

Der Schlageter-Kurs und die Hoffnung auf eine deutsche Oktoberrevolution

Das Krisenjahr 1923 lässt sich durch vier Begriffe charakterisieren: nationalistische Welle, Hyperinflation, Revolutionserwartungen, Umsturzversuche. Die Komintern setzte für dieses Jahr

59 Rede des Genossen Remmele in der Faschistenversammlung in Stuttgart. In: Die Rote Fahne, Nr. 183, 10. August 1923. Erneut abgedruckt in der Broschüre: Hermann Remmele: Hakenkreuz oder Sowjetstern. Deutschlands Weg – Deutschlands Rettung. Berlin 1923.

auf einen Deutschen Oktober, eine Revolution in Deutschland, der weitere in anderen Ländern und letztlich auf der ganzen Welt folgen sollten. In der jüngeren Geschichte habe es nie – so war Arthur Rosenberg, bis 1927 Mitglied der KPD, später noch überzeugt – »einen Zeitabschnitt gegeben, der für eine sozialistische Revolution so günstig gewesen wäre wie der Sommer 1923«.[60] Anfang des Jahres hatte belgisches und französisches Militär das Rheinland besetzt, um Reparationszahlungen wegen des Ersten Weltkriegs einzufordern. Dagegen regte sich eine nationalistische Welle, zugleich wurden Generalstreiks organisiert. Die Staatsschulden sorgten für eine ungeheure Inflation.

Wie geschildert, ging die KPD im Sommer dieses Jahres offensiv auf ihre bisherigen Todfeinde zu und warb im völkischen Spektrum um neue Anhängerinnen und Anhänger. Benannt wurde dieser Kurs nach dem Faschisten Albert Leo Schlageter, der im Mai des Jahres vom französischen Militär exekutiert worden war und auf den Radek am 20. Juni 1923 vor dem Erweiterten Komitee der Komintern (EKKI) eine Lobrede hielt. Schlageter gehöre zwar ins Lager der politischen Todfeinde, räumte Radek ein, und sei 1920 an einem »Überfall auf die Ruhrarbeiter« beteiligt gewesen. Doch Schlageter habe stets geglaubt, »dem deutschen Volke zu dienen«, das würde ihn und die KPD verbinden. Radek gab sich grundsätzlich überzeugt, dass »die große Mehrheit der national empfindenden Massen nicht in das Lager des Kapitals, sondern in das Lager der Arbeit gehört«.[61]

Während des mehr als drei Monate währenden Schlageter-Kurses diskutierten prominente Politiker der völkischen Rechten öffentlich mit Vertretern der KPD. Die *Rote Fahne* dokumentierte eine Diskussion zwischen Radek, Ernst Graf von Reventlow und Paul Frölich. Heinrich Brandler hatte bereits vor Radeks Rede in einem Artikel, der in der gesamten Parteipresse abgedruckt wurde, gefordert, die KPD solle versuchen,

60 Arthur Rosenberg: Geschichte der Weimarer Republik [1935]. Hamburg 1991, S. 135.

61 Leo Schlageter, der Wanderer ins Nichts. Von Karl Radek. In: Die Rote Fahne, Nr. 144, 26. Juni 1923.

die *»ehrlich national empfindenden Elemente«* aus dem konterrevolutionären und faschistischen Lager herauszulösen.[62] Die *Rote Fahne* bediente sich noch offener als zuvor einer nationalistischen Sprache. Im Februar 1923 titelte sie: *Der internationale Schacher um die Kolonie Deutschland*, im Mai: *Nieder mit der Regierung des nationalen Schmachs und des Volksverrats!*[63]

Dass prominente Vertreterinnen und Vertreter der KPD bei ihrer Agitation im völkischen Milieu antisemitische Vorstellungen reproduzierten, wird in der Forschung oft damit erklärt, dass sie versucht hätten, sich »den nationalistischen wie den antisemitischen Gedankengängen der Rechten anzupassen«.[64] Doch die KPD benutzte das Stereotyp vom »jüdischen Kapital« nicht nur dafür. Sie gebrauchte es auch, um extrem rechte und völkische Parteien zu diskreditieren. Am 29. Juli 1923 erschien die *Rote Fahne* mit der Sonderausgabe *Deutschlands Weg*. Den Tag hatte die KPD zum Antifaschistentag erklärt, die Mobilisierung sollte als Testlauf für eine baldige Revolution dienen.[65] *Deutschlands Weg* war adressiert »an alle, die den ›Völkischen‹ in die Klauen geraten sind oder zu geraten drohen«. Auf der dritten von vier Seiten fand sich die Karikatur *Hakenkreuzparade vor Hakennasen* (Abb. 1). Sie zeigte zwei Großindustrielle in der für antisemitische Darstellungen typischen Weise. Trotz ihrer eleganten Kleidung sahen sie ungepflegt aus. Nach ihrem Gesichtsausdruck zu urteilen, schienen sie den Anblick eines Nazi-Aufmarschs in Wien zu genießen. Die angeblich innige Verbindung zwischen ihnen und den Mitgliedern der antisemitischen Partei wurde durch den Gleichklang von »Hakenkreuz« und »Hakennasen« noch unterstrichen. Die Karikatur leugnete nicht nur, dass von Nazis eine ernsthafte Gefahr für alle Jüdinnen und Juden ausging. Sie gab den dargestellten ›rei-

62 Zit. n. Otto Wenzel: 1923. Die gescheiterte Deutsche Oktoberrevolution [1955]. Münster 2003, S. 113.

63 Der internationale Schacher um die Kolonie Deutschland. In: Die Rote Fahne am Montag, Nr. 9, 26. Februar 1923; Nieder mit der Regierung des nationalen Schmachs und des Volksverrats! In: Die Rote Fahne, Nr. 120, 29. Mai 1923.

64 Edmund Silberner: Kommunisten zur Judenfrage. Zur Geschichte von Theorie und Praxis des Kommunismus. Opladen 1983, S. 267.

65 Siehe Wenzel: Die gescheiterte Deutsche Oktoberrevolution, S. 157.

Abb. 1 »Hakenkreuzparade vor Hakennasen«

chen Juden‹ noch eine Mitschuld für das Erstarken der nationalsozialistischen Bewegung. Auf diese Vorstellung sollte die KPD Ende der 1920er Jahre wieder zurückgreifen.

Es bestand also kein Grund, dass sich die Kritik vornehmlich an Ruth Fischers Äußerungen festmachte, während die von Brandler und Remmele oder die Karikatur aus der Sonderausgabe der *Roten Fahne* wenig berücksichtigt wurden. Vielleicht lag es daran, dass Fischers Auftritt vor einem völkischen Publikum chronologisch das erste von mehreren Beispielen war oder dass Franz Pfemfert darüber berichtet hatte und die *Aktion* von Kritikerinnen und Kritikern der KPD eher gelesen wurde als die *Rote Fahne*. Es kann auch sein, dass Pfemfert und andere gerade über Fischers Verhalten besonders empört waren, weil sie, anders als Remmele, aus einer jüdischen Familie stammte.[66] Rudolf Rocker kam im November 1923 auf diese Tatsache zu sprechen.

Das Pogrom im Berliner Scheunenviertel im November 1923

Unter veränderten Vorzeichen erhalten Ereignisse oft eine neue Bedeutung. Im August 1923 zitierte die Tageszeitung der SPD einen Ausschnitt aus Pfemferts Bericht und lenkte durch die neue Überschrift *»Hängt die Judenkapitalisten«. Ruth Fischer als Antisemitin* die Aufmerksamkeit auf die judenfeindliche Äußerung.[67] Im November schrieb Rudolf Rocker in der Zeitschrift *Der Syndikalist*, dem Organ der Freien Arbeiterunion Deutschlands (FAUD), unter der Überschrift *Antisemitismus und Judenpogrome*, dass »sogar eine der gefeiertsten kommunistischen Führerinnen«, die »selbst eine Jüdin« sei, mit ihrem Auftritt Judenhass geschürt habe. Das sei »einfach ein Verbrechen gegen den Geist des Sozialismus«.

> »Auch hier sollte der Antisemitismus nur den Interessen einer Partei dienen, während er in der Wirklichkeit nur der Reaktion dient, wie die Erfahrung immer wieder bewiesen hat. In den deutschen Arbeiterkreisen hat man über die so genannten Ostjuden noch immer eine ganz falsche Vorstellung. Neunzig Prozent der jüdischen Bevölkerung in Russland, Polen und den übrigen Staaten, die einstmals mit Russland vereinigt waren, sind Proletarier in des Wortes typischster Bedeutung.«[68]

66 Siehe Retzlaw: German Communists I, S. 133.

67 »Hängt die Judenkapitalisten«. Ruth Fischer als Antisemitin. In: Vorwärts, Nr. 390, 22. August 1923. – Der Soziologe Peter Ullrich gibt den Forschungsstand falsch wieder, wenn er in verschiedenen Publikationen spekuliert, die SPD könne das Zitat zur »Diffamierung der KPD« erfunden haben. (Zuletzt in Peter Ullrich: Nationaler Kommunismus nach Auschwitz – die DDR und die Jüdinnen und Juden. Ein Bilanzierungsversuch. In: Ders.: Deutsche, Linke und der Nahostkonflikt. Politik im Antisemitismus- und Erinnerungsdiskurs. Göttingen 2013, S. 129–144, hier: S. 131, Fn. 7.)

68 Rudolf Rocker: Judenpogrome und Antisemitismus [1923]. In: Jürgen Mümken/Siegbert Wolf (Hg.): »Antisemit, das geht nicht unter Menschen«. An-

Wenige Tage bevor Rocker dies schrieb, hatte ein Mob über zwei Tage lang im Berliner Scheunenviertel gewütet. Vom 5. bis zum 7. November 1923 wurden Jüdinnen und Juden im Scheunenviertel gejagt, auf offener Straße überfallen, ausgezogen und beraubt. Geschäfte wurden attackiert, Randalierer drangen in Wohnungen ein, die von jüdischen Familien bewohnt waren.[69] Ein Mitarbeiter der sowjetischen Nachrichtenagentur TASS schrieb in einer Mitteilung von rund 10 000 Personen, die sich an den Ausschreitungen beteiligt hätten. Andere Agenturen berichteten sogar von bis zu 30 000 Beteiligten.[70] Die Polizei reagierte erst mit Verspätung. Dass sich die Plünderungen gegen die jüdischen Bewohnerinnen und Bewohner des Berliner Scheunenviertels richteten, war offensichtlich. Nichtjüdische Geschäftsleute brachten in den Fenstern ihrer Läden Schilder an, auf denen sie sich als »christliche Kaufleute« auswiesen, um »sich vor versehentlichen Plünderungen zu schützen«.[71] Das Scheunenviertel-Pogrom war nicht die erste Manifestation antisemitischer Gewalt in der Weimarer Republik. Nach judenfeindlichen Krawallen in Preußen war es seit Oktober 1923 in Nürnberg, Oldenburg und anderen Städten zu Gewalttaten gekommen.

Für die pogromartigen Ausschreitungen im Scheunenviertel wurden völkische Agitatoren verantwortlich gemacht. So schrieb der *Vorwärts* am Morgen nach dem Gewaltausbruch, der »große Sturm auf das Berliner Judenviertel« sei *»sorgfältig*

archistische Positionen zu Antisemitismus, Zionismus und Israel. Bd. 1. Von Proudhon bis zur Staatsgründung. Lich 2013, S. 132–138, hier: S. 136 f.

69 Siehe Reiner Zilkenat: »Ostjuden« als Objekte gewalttätiger Aktionen im Berlin der Weimarer Republik. Der Pogrom im Scheunenviertel am 5. und 6. November 1923. In: Mario Keßler: Arbeiterbewegung und Antisemitismus. Entwicklungslinien im 20. Jahrhundert. Bonn 1993, S. 29–34 u. 31 f.

70 Siehe G. Kamenskij: Brief an den Leiter der Russischen Telegraphenagentur Rosta, 9. November 1923. In: Bernhard H. Bayerlein u. a. (Hg.): Deutscher Oktober 1923. Ein Revolutionsplan und sein Scheitern. Berlin 2003, S. 343–345, hier: S. 343; Stephanie Seul: »A mad spirit of revived and furious anti-Semitism«: Wahrnehmung und Deutung des deutschen Antisemitismus in der *New York Times* und in der Londoner *Times*, 1918–1923. In: Michael Nagel/Moshe Zimmermann (Hg.): Judenfeindschaft und Antisemitismus in der deutschen Presse über fünf Jahrhunderte. Erscheinungsformen, Rezeption, Debatte und Gegenwehr. Bd. II. Bremen 2013, S. 499–525, hier: S. 521.

71 Zilkenat: »Ostjuden« als Objekte gewalttätiger Aktionen, S. 34.

und *mit kühler Berechnung* von deutschvölkischen Demagogen« geplant worden.[72] Allerdings gibt es für diese Deutung keine Beweise. Es ist ebenso möglich, dass der gewalttätige Mob von selbst wusste, wem er die Schuld für die ökonomische Krise geben wollte. Der Historiker Dirk Walter vermutet überdies, es hätte sich an dem Scheunenviertel-Pogrom »eher« das »Klientel der Linksparteien« als das Fußvolk völkischer Gruppierungen beteiligt.[73] Für diese Vermutung spricht die Warnung, mit der sich der *Vorwärts* direkt an die eigene Leserschaft richtete:

> »*Arbeiter! Genossen!* Durch Ausplünderung von Juden kommt Ihr der kapitalistischen Ausbeutung nicht bei. Wenn Kohn heute nicht mehr wuchern kann, wuchern morgen Thyssen und Stinnes um so mehr. Der jüdische wie der christliche Ausbeuter, der schwarze wie der weiße Jude werden erst fallen, wenn *der Kapitalismus* fällt. Nur ein *wurzeltiefer Eingriff in die kapitalistische Ausbeutungswirtschaft* kann das deutsche Volk retten.«[74]

Radek informierte das EKKI sogleich über die »Pogrombewegung« und versprach, noch am selben Abend würde er mit der KPD-Zentrale »aus diesem Anlaß Beschlüsse fassen«.[75] Doch die Ereignisse überschlugen sich. Am 9. November unternahm Adolf Hitler mit seinen Gefolgsleuten einen erfolglosen Putschversuch in München. Ein weiterer KPR-Vertreter in Deutschland, Jurij Pjatakov, schrieb am 13. November an Stalin: »Es bildet sich eine unerträgliche, durch und durch *skandalöse* Lage heraus: Regierungskrise, bayerischer Putsch, die Arbeitslosen zerstören die Läden, kleine Judenpogrome und dergleichen mehr und die Partei ist abwesend!«[76] Die KPD sah in

72 Augen auf! In: Vorwärts, Nr. 521, 7. November 1923.

73 Dirk Walter: Antisemitische Kriminalität und Gewalt. Judenfeindschaft in der Weimarer Republik. Bonn 1999, S. 154.

74 Augen auf! In: Vorwärts, Nr. 521, 7. November 1923.

75 Andrej [Karl Radek]: Bericht Nr. 4 aus Deutschland an Grigorij Zinov'ev und die Mitglieder des Politbüros, 6. November 1923. In: Bayerlein u.a. (Hg.): Deutscher Oktober 1923, S. 326–328, hier: S. 328.

76 Jurij Pjatakov: Brief an Josef Stalin, 13. November 1923. In: Bayerlein u.a. (Hg.): Deutscher Oktober 1923, S. 354–358, hier: S. 355.

dieser Zeit einem Verbot entgegen, die *Rote Fahne* konnte nur noch unregelmäßig erscheinen. Sie verurteilte das Pogrom ebenso wie der *Vorwärts*, erwähnte es aber unter der Überschrift *Zu Füßen der Landsknechtsdiktatur* lediglich beiläufig: »Die eigene Physiognomie des untergehenden Kleinbürgertums trat nur in den Judenpogromen in ein paar Straßen des Berliner Ghettos zutage.«[77]

Am 8. November 1923 machte der *Vorwärts* Ruth Fischer für die antisemitische Gewalt mitverantwortlich. Auf der Titelseite hieß es unter der Überschrift *Arme Betrogene! Judenhetze – Sozialistenhetze*:

> »›Tretet die *Juden*kapitalisten nieder, hängt sie an die Laterne, zertrampelt sie.‹ Also sprach die kommunistische Führerin Ruth *Fischer*, alias Elfriede *Friedländer*, am 22. Juli 1923 in der Aula des Dorotheenstädtischen Realgymnasiums in Berlin vor nationalistischen Studenten und Studentinnen. Nieder mit den Juden, das ist auch das Geschrei der von der Schwerindustrie ausgehaltenen Deutschvölkischen. Die antisemitische Saat ist nun auch in Berlin aufgegangen.«[78]

Wenig später warnte Rocker, es wäre »töricht«, »diese Vorgänge in ihrer Tragweite unterschätzen zu wollen. Hier waren verborgene Kräfte an der Arbeit, die durchaus nicht harmlos sind, sondern eine furchtbare Gefahr für die allernächste Zukunft dieses Landes bedeuten.«[79] Rocker war kein Jude. Aber seine Verbundenheit mit der jüdischen Minderheit in Europa währte schon länger. Seine Frau Milly Witkop stammte aus einer jüdischen Familie. Rocker hatte einige Jahre in London gelebt, dort ab 1898 die Zeitschrift *Arbaiterfraint* redaktionell betreut und für diese Aufgabe Jiddisch gelernt. Später bezeichnete er die Zeit unter den jüdischen Sozialistinnen und Sozia-

77 Zu Füßen der Landsknechtsdiktatur. In: Die Fahne der Revolution, Nr. 1, 22. November 1923.

78 Arme Betrogene! Judenhetze – Sozialistenhetze. In: Vorwärts, Nr. 524, 8. November 1923.

79 Rocker: Judenpogrome und Antisemitismus, S. 133.

listen in London als »eine der fruchtbarsten meines Lebens«.[80] Um die nichtjüdische Linke in Deutschland zur Solidarität mit den Jüdinnen und Juden im Scheunenviertel zu bewegen, erinnerte Rocker 1923 daran, welche Unterstützung nichtjüdische Deutsche, die in London lebten, nach Ausbruch des Ersten Weltkriegs durch das jüdische Proletariat erfahren hätten. Als die britische Boulevardpresse gegen Deutsche gehetzt habe und »die fanatisierten Massen sich anschickten, Pogrome nicht auf die Juden, sondern auf die kleinen deutschen Geschäftsleute in London zu machen, da waren es organisierte jüdische Arbeiter, welche diesem Spuk entgegentraten und welche die kleinen deutschen Ladenbesitzer mannhaft verteidigten gegen die tätlichen Angriffe der Pogromhetzer«.[81]

Wie ein internes Papier mit dem Titel *Referentenmaterial über das Berliner Judenpogrom und unsere Stellung zum Antisemitismus*, das auf Anfang 1924 datiert ist, zeigt, hatte die KPD noch andere Sorgen. Das *Referentenmaterial* sollte mit etwas zeitlichem Abstand eine umfassendere Analyse der Ereignisse bieten, als es der *Roten Fahne* im Winter 1923 möglich gewesen war. In dem Papier wurde sowohl auf Marx' *Zur Judenfrage* als auch auf Bebels Rede *Sozialdemokratie und Antisemitismus* Bezug genommen und versucht, eine materialistische Deutung der Judenfeindschaft zu formulieren. In diesem Zusammenhang kam das Papier zu der vermeintlich sachlichen Einschätzung:

> »Das Bank- und Handelskapital in Deutschland ist zum größten Teil in jüdischen Händen. Unsere Aufgabe ist es, den Volksmassen zu zeigen, dass Krupp und Stinnes, welche den Mittelstand vernichten und die Arbeiter vollkommen verelendet haben, und ferner die Großagrarier, welche das Volk bei vollen Scheunen verhungern lassen, den Wuchermethoden der jüdischen Bankiers und Börsenhaifische nichts nachgeben.«[82]

80 Rudolf Rocker: Aus den Memoiren eines deutschen Anarchisten. Frankfurt am Main 1974, S. 213.

81 Rocker: Judenpogrome und Antisemitismus, S. 137.

82 Referentenmaterial über das Berliner Judenpogrom und unsere Stellung zum Antisemitismus, 4. Januar 1924.

In dem *Referentenmaterial* machte die KPD einerseits erneut »deutsch-völkische Agitatoren« für die Gewalt verantwortlich. Andererseits erwähnte das Papier einen »unbewussten Antisemitismus«, der im »ganzen deutschen Volk verbreitet« sei und an den die Demagogen hätten anknüpfen können. Grundsätzlich führte das *Referentenmaterial* die Ereignisse auf die wirtschaftliche Situation zurück. Zwar habe ein Pöbel »den grössten Teil der aktiven Pogromhelden« gestellt. Doch unter denjenigen, die sich an den Ausschreitungen beteiligt hätten, seien »auch Erwerbslose und hungernde Frauen« gewesen, die »an sich mit dem Verbrechergesindel nichts zu tun hatten«.

Schließlich konstruierte das Papier einen Zusammenhang zwischen den oft in Armut lebenden Jüdinnen und Juden im Scheunenviertel und den »Juden des Kurfürstendamms und der Börse«. Die »kleinen Gauner« seien nur die »kleine Konkurrenz« derjenigen, die das Geschehen an der Börse, in den Banken und in den Warenhäusern dominieren würden: »In der Grenadier- und der Dragonerstraße sitzen die kleinen Gauner, arme Schacherjuden, die mit einigen Dollar handeln oder das von dem dortigen Verbrechersgesindel gestohlene Gut verschießen. Die Juden des Kurfürstendamms und der Börse werden nicht getroffen, wenn man ihre kleine Konkurrenz tot schlägt.«[83]

Und so warnte das *Referentenmaterial*, die KPD-Mitglieder dürften in ihrem Kampf gegen den Antisemitismus nicht die »Rolle von Beschützern des jüdischen Kapitalismus« einnehmen. Es sei, hieß es in dem Papier, »nicht die Aufgabe unserer Genossen, jüdische Wucherer und Schieber vor dem verdienten Geschick zu bewahren. Wir müssen uns davor hüten, wenn wir uns dagegen wenden, dass die Volksmassen einseitig auf die jüdischen Kapitalisten gehetzt werden, etwa die Rolle von Beschützern des jüdischen Kapitalismus zu spielen.«[84]

Dass die KPD in einer nachträglichen Analyse eines Pogroms nicht nur die antisemitische Gewalt verurteilte, sondern ihre Mitglieder zugleich dazu ermahnte, nicht zu »Beschützern

83 Ebd.
84 Ebd.

des jüdischen Kapitalismus« zu werden, stand im klaren Gegensatz zu Rudolf Rockers Aufruf, sich schützend vor die Angegriffenen zu stellen. Die Warnung markierte außerdem eine deutliche Verschiebung gegenüber der Politik der KP Russlands 1918, die schon die Agitation zu Pogromen »außerhalb des Gesetzes« gestellt hatte und die Beteiligung an antisemitischen Ausschreitungen mit dem Tod bestrafte.[85] Pogrome galten in Russland nach 1917 als konterrevolutionäre Handlungen und sollten deswegen verhindert werden. Das interne *Referentenmaterial* der KPD sah in den pogromartigen Ausschreitungen hingegen auch den Ausbruch eines gerechten Volkszorns, der ein antikapitalistisches Potenzial barg.

Rückblick: Judenfeindschaft in Russland nach der Oktoberrevolution

»Mögen die deutschen Arbeiter aller Richtungen die Kraft finden, der antisemitischen Pest mit aller Energie entgegenzutreten«, lautete Rockers Hoffnung 1923 am Schluss seines Beitrags zum Scheunenviertel-Pogrom.[86] Es mag einen zusätzlichen Grund gegeben haben, warum ihm zu dieser Zeit an einer klaren Haltung des organisierten Proletariats gegen Judenfeindschaft gelegen war. Mit Emma Goldman hatte er ihr Buch *Die Ursachen des Niedergangs der russischen Revolution* erarbeitet, das 1922 in Berlin auf Deutsch erschien. Vielleicht hatte sie ihm dabei von den Gesprächen berichtet, die sie und ihr lebenslanger Weggefährte Alexander Berkman mit Jüdinnen und Juden in Russland geführt hatten. In seinem Vorwort schrieb Rocker, von allen »bitteren Erfahrungen«, die die aus dem Zarenreich stammende, aber seit den 1890er Jahren in den USA aktive Anarchistin habe machen müssen, seien »ihre Erlebnisse im bolschewistischen Rußland unzweifelhaft die bittersten«. Denn auf eine Revolutionärin musste der Kontrast zwischen den »sozialistischen Schlagwörtern« und der »bruta-

85 Dekret des Rates der Volkskommissare über die Ausrottung der antisemitischen Bewegung [27. Juli 1918]. Zit. n. Wladimir I. Lenin: Über die Judenfrage. Berlin 1932, S. 65–66, hier: S. 66.

86 Rocker: Judenpogrome und Antisemitismus, S. 137.

len Wirklichkeit doppelt abstoßend wirken«.[87] In *Die Ursachen des Niedergangs der russischen Revolution* machte Goldman diesen Widerspruch daran fest, dass in Russland das Proletariat weiterhin unterdrückt werde. Die Bolschewiki hätten einen »zentralistischen Staat« aufgebaut, der »die Sowjets zerstörte und die Revolution niederschlug« und der sich, was »Bürokratie und Despotismus anbelangt, heute mit jedem Großstaat der Welt vergleichen kann«.[88] Über Antisemitismus war in diesem schmalen Buch nichts zu lesen. Das änderte sich mit dem umfassenderen Reisebericht *My Disillusionment in Russia*, den Goldman im selben Jahr in den USA publizierte.

Kurz vor Weihnachten 1919 waren Goldman und Berkman aus den Vereinigten Staaten von Amerika abgeschoben worden. Zu ihrer Überraschung landeten sie mit dem Schiff in Russland. Für Berkman, schreibt Bini Adamczak, war diese Ankunft der »schönste Tag« seines Lebens.[89] Doch in weniger als zwei Jahren waren beide völlig desillusioniert. Goldmans Enttäuschung war grundsätzlich. Denn sie betraf, wie sie es später in ihrer Autobiografie *Gelebtes Leben* ausdrückte, »die Revolution selbst. Ihre Erscheinungsweise war so vollkommen verschieden von dem, was ich mir vorgestellt und als die Revolution propagiert hatte, dass ich nicht mehr wusste, was richtig war.«[90] Die Jüdinnen und Juden, mit denen Berkman und Goldman gesprochen hatten, schilderten die aktuelle Lage in Russland ganz unterschiedlich. Manche waren den Bolschewiki dankbar, andere blieben misstrauisch, ob der Judenhass mit der Revolution überwunden sei. Wieder andere warfen der neuen Regierung sogar vor, die Feindschaft gegen die jüdische Minderheit noch zu verstärken. In Kiew hatten sich Berkman und Goldman mit den »klügsten Köpfen der lokalen jüdischen *Intelligenzija*« getroffen. Nach den leidvollen Erfahrungen der

87 Emma Goldman: Niedergang der russischen Revolution [1922]. Berlin 1987, S. 14.

88 Ebd., S. 20.

89 Bini Adamczak: Der schönste Tag im Leben des Alexander Berkman. Vom möglichen Gelingen der Russischen Revolution. Münster 2017.

90 Emma Goldman: Gelebtes Leben. Autobiografie. Aus dem Amerikanischen v. Marlen Breitinger u. a. Hamburg 2010, S. 742.

Vergangenheit seien sie, obwohl selbst keine Kommunistinnen oder Kommunisten, erleichtert, denn die Bolschewiki würden sie leben lassen, sagten einige der Intellektuellen. »Sie hatten Angst vor dem wachsenden Antisemitismus in Russland«, ergänzte Goldman, und seien »von dem Gedanken an einen Sturz der Bolschewiki entsetzt«, denn dann würde ein »umfassendes Massaker« an den Jüdinnen und Juden »zweifelsfrei folgen«. Einige der Jüngeren vertraten eine andere Meinung.

> »Das bolschewistische Regime habe zu einem wachsenden Hass auf die Jüdinnen und Juden geführt, weil die Massen den Eindruck hätten, dass die meisten Kommunistinnen und Kommunisten Jüdinnen und Juden seien, sagten sie. Kommunismus stünde für die Zwangseintreibung von Steuern, Strafexpeditionen und die Tscheka. Die populäre Feindschaft gegenüber den Kommunistinnen und Kommunisten drücke sich daher durch Hass auf alle Jüdinnen und Juden aus. Auf diese Art und Weise hätte die bolschewistische Tyrannei Öl ins Feuer des latenten Antisemitismus der Ukraine gegossen.«[91]

Zudem, sagten sie, würden die Bolschewiki beweisen wollen, dass sie die jüdische Minderheit nicht bevorzugen. So würden sie Jüdinnen und Juden »häufig für Dinge verhaften und bestrafen«, bei denen andere straffrei davonkämen.

Eine Gruppe von Zionistinnen und Zionisten in Poltawa war noch skeptischer und sprach von »stillen Pogromen« in Sowjetrussland, die sich an fortdauernden Anfeindungen und der schleichenden Zerstörung ihrer Lebensgrundlagen zeigten. »Sie waren die ganze Zeit Beschimpfungen und Demütigungen ausgesetzt, ganz zu schweigen davon, dass sie zu einem langsamen Hungertod verdammt waren, da jeder Handel unterdrückt worden war.«[92] Goldman betonte, dass die Schilde-

91 Emma Goldman: Meine zwei Jahre in Russland [My Disillusionment in Russia, 1922; My Further Disillusionment in Russia, 1925]. Aus dem Amerikanischen v. einem Autor*innenkollektiv. München 2020, S. 188. [Übersetzung leicht verändert.]

92 Ebd., S. 178.

rungen von religiösen und ethnisch-kulturellen Voreingenommenheiten eingefärbt waren. Doch das beschriebene Problem sei ein reales. »In Poltawa waren die führenden kommunistischen und bolschewistischen Beamten Nichtjuden. Ihre Missgunst gegenüber den Jüdinnen und Juden äußerten sie freimütig und offen. Antisemitismus war überall in der Ukraine heftiger als sogar in den prärevolutionären Tagen.«[93] Ein sichtbares Beispiel für den »vollständigen Untergang« der Bolschewiki sei die Tatsache, dass ein zaristischer General, ein »Judenhasser«, in die Rote Armee aufgenommen worden war und mit weiteren Soldaten der Weißen Garden von den Bolschewiki mit einer Militärparade empfangen wurde. Es sei nur ein schwacher Trost, dass der Antisemit dabei »dem Juden Trotzki, seinem militärischen Vorgesetzten, salutieren musste«.[94]

Berkman publizierte seinen Reisebericht drei Jahre nachdem Goldman ihren veröffentlicht hatte. Unter dem Titel *Der bolschewistische Mythos* kommentierte er mehr als sie und versuchte, erste Erklärungen für die Entwicklungen zu geben. Während Goldman die zunehmende Judenfeindschaft eher als unbeabsichtigten Nebeneffekt der bolschewistischen Politik darstellte, gab Berkman der Parteizentrale in der russischen Hauptstadt eine klare Mitschuld.

> »Der Hass auf die Bourgeoisie wurde auf die Intellektuellen umgelenkt, die offizielle Propaganda fördert und verstärkt diesen Geist. Sie werden als Feinde des Proletariats, Verräter der Revolution dargestellt – bestenfalls als Spekulanten, wenn nicht als aktive Konterrevolutionäre. [...] Andererseits handelt es sich aber auch nicht um einen Ausbruch volkstümlicher Ressentiments. Das Feuer wird in Moskau gelegt.«[95]

93 Ebd., S. 179. [Übersetzung leicht verändert.]

94 Ebd., S. 304.

95 Alexander Berkman: Der bolschewistische Mythos. Tagebuch aus der russischen Revolution 1920–1922 [1925]. Aus dem Amerikanischen v. Michael Halfbrodt. Frankfurt am Main ^{2}2004, S. 163.

Es ist nicht bekannt, ob oder wie viel Rudolf Rocker 1923 von solchen Berichten wusste. Sie enthielten erste Warnungen, dass der Antisemitismus in einer Gesellschaft nach einer kommunistischen Revolution nicht automatisch verschwand. Und sie riefen eindringlich in Erinnerung, warum es keine Kleinigkeit war, wenn prominente Mitglieder einer kommunistischen Partei eine antisemitische Stimmung schürten.

Antisemitismus innerhalb der Roten Armee während des russischen Bürgerkriegs

In seiner 1929 veröffentlichten und noch im selben Jahr von Alexandra Ramm-Pfemfert ins Deutsche übertragenen Autobiografie vertrat Leo Trotzki eine andere Auffassung als Goldman und Berkman. Er leugnete, dass es während des russischen Bürgerkriegs in der Roten Armee judenfeindliche Tendenzen gegeben hatte. Sein Judentum oder der Antisemitismus hätten innerhalb der Roten Armee in den ersten Jahren nach der Revolution »keine Rolle gespielt«. Der Vorfall, den Trotzki als Beleg für seine Auffassung anführt, besagte allerdings etwas anderes; noch dazu, wenn man seine Schilderung mit den anderen Berichten vergleicht, auf die er sich berief.

> »Die Weißen hatten zwar versucht, bei ihrer Agitation innerhalb der Roten Armee antisemitische Motive zu verwenden, doch ohne Erfolg. Dafür bietet die weiße Presse selbst genügend Beispiele. In dem in Berlin erscheinenden ›Archiv der russischen Revolution‹ erzählt ein weißgardistischer Autor folgende krasse Episode: ›Ein Kosak, der gekommen war, uns zu besuchen, und den jemand absichtlich damit verletzen wollte, daß er ihm sagte, er stehe im Dienst und gehe in den Kampf unter dem Kommando des Juden Trotzki, erwiderte leidenschaftlich und überzeugt: ›Keine Spur! ... Trotzki ist kein Jude. Trotzki ist ein Kämpfer! ... Er ist unser ... Ein Russe ... Lenin, ja, der Kommunist ... ein Jude; aber Trotzki ist unser ... Ein Kämpfer ... Ein Russe ... Der ist unser!‹ Ein ähnliches Motiv kann man

> bei Babel, dem begabtesten unter unseren jungen Schriftstellern, in seiner ›Reiterarmee‹ finden.«[96]

Der wiedergegebene Dialog zeigt gerade nicht, dass der zitierte Rotgardist gegen antisemitische Vorstellungen gefeit war. Das Wort »Jude« bedeutete in seiner Antwort etwas Negatives. Deswegen bestand er darauf, dass Trotzki »kein Jude« wäre. Ein »Jude« zu sein, würde im Gegensatz dazu stehen, ein Kämpfer, ein »Russe« zu sein und zu »uns« zu gehören. Von einer ähnlichen Verdrehung der Fakten berichtete Alexander F. Kerenski, der Ministerpräsident der von den Bolschewiki vertriebenen provisorischen Regierung. Auf seiner Flucht habe er das Graffito gelesen: »Nieder mit dem Juden Kerenski, es lebe Trotzki!«[97] Kerenski war ebenso wenig Jude wie Lenin.

In seinem autobiografischen Roman *Die Reiterarmee* gibt Isaak Babel einen Dialog wieder, auf den sich Trotzki bezieht und der ganz ähnlich wie der von Trotzki zitierte verlief. In der Episode *Salz* ist es eine Russin, die gegen »die Juden« Lenin und Trotzki hetzt, worauf ein Kosak der Roten Armee entgegnet: »Von den Juden ist jetzt nicht die Rede, schädliche Bürgerin. Die Juden haben hier nichts verloren. Übrigens, über Lenin will ich nichts sagen, aber Trockij ist der tapfere Sohn des Gouverneurs von Tambov und kämpft, obwohl aus andrem Stand, für die werktätige Klasse.«[98] Wiederum bestritt ein Rotgardist die Wahrheit, dass Trotzki nach dem sowjetrussischen Nationalitätengesetz Jude war. Wiederum ging ein Rotgardist auf Distanz zu Lenin.

Im Gegensatz zu Trotzki war das geschilderte Verhalten für Babel ein Beleg für Judenfeindschaft innerhalb der Roten Armee. Das zeigt sich sehr deutlich in seinem Tagebuch, auf dem *Die Reiterarmee* basiert und in dem Babel schilderte, wie An-

96 Leo Trotzki: Mein Leben. Versuch einer Autobiographie [1929]. Aus dem Russischen v. Alexandra Ramm. Frankfurt am Main 1987, S. 312 f.

97 Alexander F. Kerenski. Zit. n. Bini Adamczak: Beziehungsweise Revolution. 1917, 1968 und kommende. Berlin 2017, S. 112.

98 Isaak Babel: Die Reiterarmee. Aus dem Russischen von Peter Urban. Berlin 1994, S. 106. – In früheren Übersetzungen fehlt der zitierte Satz über Lenin und Trotzki.

gehörige der Roten Armee sich an der Gewalt gegen Jüdinnen und Juden beteiligten und Synagogen schändeten. »Nachts haben unsere geplündert, in der Synagoge die Thora-Rollen herausgerissen und die Samtsäckchen für ihre Sättel gestohlen.«[99] Babel (dessen jüdische Identität vielen in der Reiterarmee nicht bekannt war) zitierte mehrere judenfeindliche Aussagen aus seiner Kosakeneinheit. Ein Rotarmist sagte zum Beispiel offen, »mit Juden« wolle er »nichts zu tun haben«.[100] Insgesamt zeige sich, so Babel, eine große Gemeinsamkeit zwischen den verfeindeten Lagern im russischen Bürgerkrieg: »Der Haß ist einhellig, die Kosaken sind genauso, die Grausamkeit ist dieselbe, verschiedene Armeen, was für ein Unsinn.«[101]

Im April 1919 skandierten Soldaten der 6. Sowjetischen Armee, wie dem bolschewistischen Geheimdienst gemeldet wurde, den Slogan: »Lang lebe die Sowjetmacht, nieder mit den Kommunisten, alle Kommunisten sind Juden!«[102] In *Antisemitism and the Russian Revolution* gibt der britische Soziologe Brendan McGeever mehrere Beispiele für solche antisemitischen Vorfälle und analysiert das populistische Weltbild, das sich in solchen Parolen offenbarte und das mit antisemitischen Vorstellungen verknüpft war. Es richtete sich sowohl gegen das Zarenreich und die alte Ordnung als auch gegen die neuen Machthaber, die Bolschewiki, den »jüdischen Kommunismus«. Insbesondere in der Ukraine waren die Vorstellungen, die man sich von Klassengegensätzen machte, von ethnischen Kategorien überlagert. Herrschaft wurde als Fremdherrschaft wahrgenommen. Entsprechend trafen antisemitische Slogans auf Zustimmung innerhalb der ukrainischen Landbevölkerung.

> »These representations were taken up within revolutionary politics, particularly among sections of the Ukrainian peasantry, which in 1919 began to mobilize around the slogans

99 Isaak Babel: Tagebuch 1920. Aus dem Russischen v. Peter Urban. Berlin 1990, S. 138.

100 Ebd., S. 88.

101 Ebd., S. 137.

102 Brendan McGeever: Antisemitism and the Russian Revolution. Cambridge 2019, S. 96. [Eigene Übersetzung.]

›We are for Bolshevik power but without Communists!‹ and ›Down with the Communists, long live Soviet power!‹ This emergent form of revolutionary subjectivity was closely connected to the politics of antisemitism. […] The fight for the popular conception of ›Soviet power‹ often became associated with a fight against ›Jewish Communism‹.«[103]

Auch in proletarisch geprägten Städten wie Petrograd sollen Lenin und Grigori J. Sinowjew, der Vorsitzende der Komintern, 1919 von streikenden Arbeiterinnen und Arbeitern mit dem Ruf »Nieder mit den Juden und den Kommissaren!« empfangen worden sein. In Orel, Briansk und anderen Orten schlossen sich meuternde Soldaten dem streikenden Proletariat an und riefen: »Tod den Juden, nieder mit den bolschewistischen Kommissaren!«[104]

103 Ebd., S. 92.

104 Zit. n. Nicolas Werth: Ein Staat gegen sein Volk. Gewalt, Unterdrückung und Terror in der Sowjetunion. In: Stéphane Courtois u.a. (Hg.): Das Schwarzbuch des Kommunismus. Unterdrückung, Verbrechen und Terror. München / Zürich 1998, S. 51–295, hier: S. 100 f.

Innerparteiliche Kritik ab 1924

Auf dem IX. Parteitag im Frühjahr 1924 kam Clara Zetkin erneut auf die Entwicklung der KPD bis zur ausgebliebenen Revolution in Deutschland zu sprechen. In diesem Zusammenhang zeigte sie sich besorgt über »faschistische Antisemiten« in den eigenen Reihen. Ein nicht namentlich genanntes Mitglied der Zentrale sprach sogar davon, dass »vereinzelte antisemitische Unterströmungen« in der Partei existierten. Die KPD war seit dem Winter verboten (das Verbot wurde erst nach dem Parteitag aufgehoben), weshalb viele Stellungnahmen im Parteitagsbericht anonymisiert erschienen. Zetkin befand sich zu der Zeit in Russland, ihr Gesundheitszustand erlaube ihr, wie sie schrieb, keine Reise nach Deutschland. In ihrem Brief an den Parteitag warnte sie:

> »Die radikalisierten Parteimassen werden zum größten Teil von revolutionären Gefühlen und Stimmungen beherrscht, sie sind grundsätzlich nicht geschult, nicht klar und fest. Die ›linke‹ Parteimehrheit vereinigt reichlichst KAPisten, Syndikalisten, Antiparlamentarier, bei Lichte besehen – *horribile dictu* – sogar Reformisten und neuerdings – faschistische Antisemiten.«[1]

Zetkins Brief lässt sich ebenso wenig wie die Wortmeldung des Zentralemitglieds unabhängig vom innerparteilichen Flügelkampf verstehen. Beide verorteten den Antisemitismus auf der Gegenseite, innerhalb der sogenannten Linken der KPD, die in diesem Jahr die Zentrale dominierte und die laut Zetkin unter den einfachen Mitgliedern ebenfalls die Mehrheit bildete. Mit

1 Brief der Genossin Klara [sic] Zetkin. In: Bericht über die Verhandlungen des IX. Parteitages der Kommunistischen Partei Deutschlands (Sektion der Kommunistischen Internationale). Abgehalten in Frankfurt am Main vom 7. bis 10. April 1924. Berlin 1924, S. 85–96, hier: S. 93.

dem Verweis auf »KAPisten« spielte sie zudem auf die Auseinandersetzungen aus der Anfangszeit der KPD an. Und sie wiederholte ihre Warnungen aus dem Jahr zuvor.

1923 hatte Zetkin vor dem EKKI zu einem intensiveren Kampf gegen den Faschismus aufgerufen. Seitdem arbeitete sie unermüdlich, wie ihre Biografin Florence Hervé schreibt, »auf eine breite Zusammenführung aller Antifaschisten, auf eine Einheitsfront« hin.[2] Nach Zetkins Analyse bedrohte der Faschismus die kommunistischen Parteien nicht nur von außen, sondern, wie sie am Aufstieg Benito Mussolinis deutlich machte, auch von innen. Die KP Italiens habe den »taktischen Fehler« begangen, »den Faschismus lediglich als eine militärische Erscheinung« anzusehen und »seine ideologische und politische Seite« zu ignorieren. »Vergessen wir nicht, daß der Faschismus in Italien, ehe er durch Akte des Terrors das Proletariat niederschlug, einen ideologischen und politischen Sieg über die Arbeiterbewegung errungen hatte und welches die Ursachen dieses Sieges waren.«[3]

Der Faschismus biete ein »scheinrevolutionäres Programm«, das viele Menschen anspreche, »bis in das Proletariat«. Gerade in Deutschland sei es notwendig, diese Gefahr im Blick zu haben. Denn in keinem Land, so Zetkin, sei »der Gegensatz so groß wie in Deutschland zwischen der objektiven Reife für die Revolution und der subjektiven Unreife des Proletariats«.[4] Die KPD müsse sich deshalb von rechtsextremen Strömungen eindeutig und unmissverständlich abgrenzen. Mit diesen Ausführungen hatte sie 1923 vor dem Schlageter-Kurs gewarnt, der sich seit dem Frühjahr abgezeichnet und für den Karl Radek mit seiner Lobeshymne auf den Faschisten Albert Leo Schlageter die entscheidenden Argumentationsmuster geliefert hatte. Zetkins Warnungen waren verhallt. Ein Jahr später diagnostizierte sie in ihrem Brief an den Parteitag erneut eine unter den Mitgliedern

2 Florence Hervé: Geliebt und gehasst: Clara Zetkin. In: Dies. (Hg.): Clara Zetkin oder: Dort kämpfen, wo das Leben ist. Berlin ³2011. S. 7–37, hier: S. 35.

3 Clara Zetkin: Der Kampf gegen den Faschismus. Bericht auf dem Erweiterten Plenum des EKKI. 20. Juni 1923. In: Hervé (Hg.): Clara Zetkin, S. 85–115, hier: S. 99.

4 Zetkin: Kampf gegen den Faschismus, S. 110.

verbreitete »Revolutionsromantik«. Die jetzigen »Führer« der KPD ließen sich von »unklaren Massenstimmungen beherrschen«, statt sie »zu meistern und in die rechte Bahn zu leiten«.[5]

An diese Warnungen schloss das namentlich nicht genannte Zentralemitglied an. Der eigentlich nötige Kampf gegen den Faschismus sei mit einer Partei, in der es rechtsextreme »Unterströmungen« gebe, schwerlich zu führen:

> »Ich sage, wir haben heute bereits faschistische Unterströmungen in der eigenen Partei, ideologische Breschen, durch die der Faschismus eindringen kann. Diese organisatorischen Abweichungen, diese föderalistischen Tendenzen, die zum Ausdruck gekommen sind, sind eine ideologische Bresche, durch die der Faschismus eindringen kann in die Partei. Beachtet ihr denn nicht die Bürokratenhetze, die von den faschistischen Elementen gemacht wird, um uns zu zersetzen? Wenn man diese Dinge nicht ausrottet, dann ist der Kampf gegen den Faschismus in unseren eigenen Reihen gelähmt.«[6]

Im Anschluss kam er auf das Problem des Antisemitismus zu sprechen: »Noch eins: Wir haben bereits vereinzelte antisemitische Unterströmungen in der Partei. Die Genossen, die gut beobachten, werden das nicht bestreiten. Ich sage, alle diese Tendenzen muß man nicht aus fraktionellen Gründen, sondern aus Gründen des Kampfes gegen den Faschismus abtun, und zwar mit aller Energie.«[7] Dem Parteitagsbericht zufolge löste weder seine noch Zetkins Kritik eine Debatte aus. Der Sprecher nach ihm bezeichnete die zuvor gehörten Aussagen als »eine Stimme aus dem Grabe«, Worte eines »politisch Toten«.

In den folgenden Jahren schien die Gefahr des Faschismus kleiner zu werden, wenn man nicht, wie die KPD, auch die SPD als eine faschistische Partei betrachtete. Doch als die KPD 1930 nach dem ungeheuren Aufstieg der NSDAP ihre *Programm-*

5 Brief der Genossin Klara Zetkin, S. 95.
6 Bericht über die Verhandlungen des IX. Parteitages der KPD, S. 288f.
7 Ebd.

erklärung zur nationalen und sozialen Befreiung des deutschen Volkes veröffentlichte und damit den Nazis Stimmen abspenstig machen wollte, zeigte sich, dass Zetkins Warnungen nicht an Aktualität verloren hatten, insbesondere ihre Warnung, sich von »Massenstimmungen« nicht leiten zu lassen. Weshalb sich die angesprochene Parteilinke 1924, zu dieser Zeit noch als »Opposition« bezeichnet, nicht mit der Kritik an ihr auseinandersetzte, dafür gibt es naheliegende Gründe. Sie war ohnehin nicht allein für antisemitische Äußerungen verantwortlich. Den »nationalbolschewistischen Kurswechsel« hatte die Partei unter dem Vorsitz von Heinrich Brandler vorgenommen, der später als sogenannter Rechter aus der Partei ausgeschlossen wurde.[8] Brandler selbst hatte 1923 auf ähnliche Weise wie Fischer oder Remmele antisemitische Vorstellungen reproduziert.

Trotz ihrer Warnungen vor dem Schlageter-Kurs war Zetkin keine radikale Kritikerin des Nationalismus. Vielmehr hat sie wiederholt eine Symbiose zwischen proletarischem Nationalismus und Internationalismus versucht. Die Formel, Zetkin sei eine »sozialistische Patriotin und glühende Internationalistin« gewesen, zieht sich durch ihre Biografien.[9] 1923 schrieb sie in dem Zeitschriftenbeitrag *Um Deutschlands nationales Lebensrecht*:

> »Aus dem Nationalismus der Arbeiter, ihrer nationalen Solidarität im Kampfe gegen ihre Ausbeuter und Herren, blüht ihr Internationalismus empor, ihre internationale Schicksalsgemeinschaft als Leidende wie als stolze Rebellen und Kämpfer. Es klingt paradox und ist doch schlichte Wahrheit, daß der proletarische Internationalismus die höchste, klassische Ausdrucksform des bewußten proletarischen Nationalismus ist.«[10]

8 Siehe Jens Becker: Heinrich Brandler. Eine politische Biographie. Hamburg 2001, S. 194.

9 Luise Dornemann: Clara Zetkin. Leben und Wirken. Berlin (Ost) 1973, S. 5.

10 Clara Zetkin: Um Deutschlands nationales Lebensrecht. In: Kommunistische Fraueninternationale, Nr. 4/1923. Zit. n. Tânia Puschnerat: Clara Zetkin. Bürgerlichkeit und Marxismus. Eine Biographie. Essen 2003, S. 318.

Schon vor dem Ersten Weltkrieg interpretierte sie die Aussage aus dem *Manifest der Kommunistischen Partei*, wonach das Proletariat »sich selbst als Nation konstituieren« müsse, nicht als notwendigen Zwischenschritt, sondern behauptete, Internationalismus und proletarischer Patriotismus würden eine Einheit darstellen. Im Gegensatz zu dem, was Nationalliberale und Rechte über die »vaterlandslosen Gesellen« der Sozialdemokratie verbreiteten, seien den Mitgliedern der SPD »ihre Nationalität wert und ihr Vaterland teuer«, schrieb Zetkin 1907 unter der Überschrift *Unser Patriotismus*.[11]

Obwohl Zetkins Brief an den Parteitag 1924 ebenso wenig zu einer selbstkritischen Auseinandersetzung führte wie die Kritik des anonymen Zentralemitglieds, blieb das Scheitern des Schlageter-Kurses nicht folgenlos. Zwar kam es nach Polizeiberichten noch 1924 vereinzelt zu Treffen zwischen KPD-Ortsgruppen und völkischen Gruppierungen, wie laut einem Polizeibericht in Bayern, wo eine Ortsgruppe der KPD mit einer Gruppierung zusammenkam, die sich Großdeutsche Volksgemeinschaft nannte.[12] Aber die KPD verurteilte auf ihrem IX. Parteitag den Schlageter-Kurs und fasste den Beschluss, fortan »mit viel größerem Eifer als bisher« die Demagogie völkischer Parteien und »die Sinnlosigkeit ihrer sozialen Rezepte« zu entlarven.[13]

Die deutliche Abgrenzung zu völkischen Parteien bedeutete jedoch nicht automatisch, sich jeglicher antisemitischer Anspielungen zu enthalten. Im Frühjahr 1924 zog die KPD mit einem Plakat in den Reichstagswahlkampf, das wie eine Zeitungsseite aufgemacht war und als Überschrift ein Zitat trug, ohne dass eine Quelle genannt wurde: *»Judengeld stinkt nicht!«*. Darunter stand: *Einiges über die Geldquellen der Völkischen. Was die völkisch-vaterländische Partei kostet und wer sie bezahlt*. Aus dem langen Text auf dem Wahlplakat ging weder hervor, von

11 Clara Zetkin: Unser Patriotismus [1907]. In: Dies.: Ausgewählte Reden und Schriften. Bd. I. Auswahl aus den Jahren 1889 bis 1917. Berlin (Ost) 1957, S. 316–338, hier: S. 322.

12 Siehe Otto-Ernst Schüddekopf: Nationalbolschewismus in Deutschland 1918–1933. Frankfurt am Main u.a. 1972, S. 175.

13 Bericht über die Verhandlungen des IX. Parteitages der KPD, S. 396.

wem das unausgewiesene Zitat stammte, noch wen oder was der Ausdruck »Judengeld« genau bezeichnen sollte.[14] Gerade diese Unklarheit war nützlich, um mehrere Ziele zugleich zu verfolgen: Erstens betonte die KPD, dass die Deutschvölkische Freiheitspartei eine Partei des Kapitals sei, wie es auch das Plakat *Die neuesten Arbeiterfreunde oder wie die Völkischen das Kapital bekämpfen* klarstellte.[15] Zweitens tat die KPD so, als wäre der Judenhass nur vorgeschoben oder richtete sich lediglich gegen arme Jüdinnen und Juden, eine Strategie, die die KPD später in Anbetracht des ungeheuren Erfolgs der NSDAP wiederholte. Drittens implizierte diese Darstellung, dass die KPD die einzige Partei wäre, die das »jüdische Kapital« bekämpfen würde.

Im Juni 1924 zählte der spätere Parteivorsitzende Ernst Thälmann in einer Reichstagsdebatte einem Vertreter der Völkischen auf, wie oft es zu Zusammenkünften von extrem rechten Politikern und »Juden« gekommen sei. Thälmann verurteilte in der Debatte einerseits die »Judenhetze«. Andererseits stellte er dem Gegner folgende rhetorische Fragen:

> »Ist es beispielsweise eine Ehre für Sie, wenn Ludendorff, der Ihrer Partei angehört, noch im Jahre 1914 durch einen Aufruf der Obersten Heeresleitung die Juden in Polen zur Unterstützung der deutschen Seite auffordert? Und ist es ein besonderes Argument für Sie, wenn z.B. ein deutschvölkischer Mann, Siegfried Wagner, in Amerika in einem Banquett, wo bald nur Juden anwesend waren, einen Vortrag hält? Oder wenn z.B. in Bayern in den faschistischen Organisationen Gelder von Juden in der Schwerindustrie angenommen werden?«[16]

14 Siehe »Judengeld stinkt nicht!« Einiges über die Geldquellen der Völkischen. Was die völkisch-vaterländische Partei kostet und wer sie bezahlt. In: Die Rote Fahne, Nr. 34, 25. April 1924.

15 Siehe Die neuesten Arbeiterfreunde oder wie die Völkischen das Kapital bekämpfen. In: Die Rote Fahne, Nr. 32, 23. April 1924.

16 Ernst Thälmann am 4. Juni 1924 im Reichstag. Zit. n. Susanne Wein: Antisemitismus im Reichstag. Judenfeindliche Sprache in Politik und Gesellschaft der Weimarer Republik. Frankfurt am Main u.a. 2014, S. 254.

Ausschneiden und ankleben! **Reichstagswahlen 1924** Ausschneiden und ankleben!

„Judengeld stinkt nicht!"

Einiges über die Geldquellen der Völkischen / Was die völkisch-vaterländische „Freiheits"armee kostet und wer sie bezahlt.

Was die „Freiheitsarmee" kostet.

Der rollende Franken.

Die Bank der Bankenstürmer.

Eine freiwillige Steuer der Steuersaboteure.

Brechung der Zinsknechtschaft G.m.b.H.

Extra-Prämien.

Wähle Kommunisten!!

Abb. 2 »Judengeld stinkt nicht!«

Eine klassische Widerlegung *ad hominem*. Mit ihr widerlegt man nicht die Argumente, sondern bezweifelt die Aufrichtigkeit der Gegenseite. In diesem Fall hätte eine solche Strategie vorausgesetzt, sich von den Vorstellungen und Begrifflichkeiten der völkischen Partei eindeutig abzugrenzen. Doch Thälmann verwarf den Nationalismus nicht, sondern warf in derselben Rede dem völkischen Gegner ohne jede Ironie »nationale Heuchelei« vor. 1925 sagte er, wie die *Geschichte der deutschen Arbeiterbewegung* in den 1960er Jahren zitiert, die KPD sei »die einzige Partei, die das Recht hat, vom Schutze der Nation zu reden«.[17] Und wie auch das Wahlplakat *Judengeld stinkt nicht* zeigt, übernahm die KPD zudem die völkische Zuschreibung »Jude«, und zwar nicht nur wenn sie sie gegen die extreme Rechte richtete. Damit reproduzierte die KPD die diffamierende Fremdzuschreibung der extremen Rechten und baute sie in die eigene Agitation ein. Das Problem wurde mit dem Aufstieg der NSDAP noch größer, als die *Rote Fahne* in einer Überschrift auf diese Weise an den ursprünglichen Familiennamen eines Bankiers erinnerte: *Des Großbankiers Solmssen (Salomonsohn) Liebeserklärung an die Nazis*.[18]

Hinter verschlossenen Türen

Gleich nach seiner Ankunft in Sowjet-Russland im Dezember 1926 notierte Walter Benjamin ohne weitere Erläuterung in sein Tagebuch: »Entfernung der Opposition aus den leitenden Stellen. Damit identisch: Entfernung zahlreicher Juden zumal aus den mittleren Chargen. Antisemitismus in der Ukraine.«[19] Zu dieser Zeit erwog Benjamin, der KPD beizutreten. Die Reise nach Russland sollte bei der Entscheidung helfen. »Was er allerdings in Moskau erlebte, ließ ihn davon Abstand

17 Ernst Thälmann: Wahlrede im Berliner Sportpalast, 27. März 1925. Zit. n. Geschichte der deutschen Arbeiterbewegung. Hrsg. v. Institut für Marxismus-Leninismus beim Zentralkomitee der SED. Bd. 4. 1924 bis Januar 1933. Berlin (Ost) 1966, S. 260.

18 Des Großbankiers Solmssen (Salomonsohn) Liebeserklärung an die Nazis. In: Die Rote Fahne, Nr. 295, 18. Dezember 1930.

19 Walter Benjamin: Moskauer Tagebuch [1927]. Frankfurt am Main 1980, S. 19.

nehmen.«[20] Sein Moskauer Tagebuch wurde erst posthum veröffentlicht. In dem 1927 veröffentlichten Zeitschriftenbeitrag *Moskau*, der auf seinen Tagebuchaufzeichnungen beruhte, schrieb er zwar, die »Opposition« sei entweder »den Waffenstillstand mit den Bolschewisten eingegangen oder sie ist vernichtet«.[21] Aber er stellte keinen Bezug zur jüdischen Identität von Oppositionellen her. Zwei Jahre danach, so erinnerte es später der Schriftsteller Soma Morgenstern, habe Benjamin ihm bei einer privaten Diskussion zugestimmt, dass in dem Machtkampf zwischen der Stalin-Fraktion und der Opposition um Trotzki »der alte russische Antisemitismus eine Rolle spielte«.[22] 1937 schrieb Trotzki im Exil:

> »Die Sache ging so weit, dass Stalin genötigt war, eine gedruckte Erklärung abzugeben, die besagte: ›Wir kämpfen gegen Trotzki, Sinowjew und Kamenew, nicht weil sie Juden sind, sondern weil sie die Opposition sind‹ usw. Jedem politisch denkenden Menschen war es vollständig klar, dass diese bewusst doppeldeutigen Worte, die sich gegen die Auswüchse des Antisemitismus richteten, diesen zur selben Zeit mit vollem Bedacht nährten. ›Vergesst nicht, die Führer der Opposition sind Juden!‹«[23]

In den veröffentlichten Schriften Stalins findet sich keine entsprechende Erklärung. Wie der Historiker Matthias Vetter in *Antisemiten und Bolschewiki* argumentiert, war es gar nicht nötig, dass Stalin oder jemand aus seiner Fraktion den Zusammenhang ausdrücklich hergestellt hätte. Die »Identifizierung von Juden mit der Opposition« dürfte »auch ohne Anleitung funktioniert haben«.[24] Für Franz Pfemfert waren die Möglich-

20 Werner Fuld: Zwischen den Stühlen. Eine Biographie. Frankfurt am Main ²1981, S. 199.
21 Walter Benjamin: Moskau [1927]. In: Ders.: Gesammelte Schriften, Bd. IV.I. Frankfurt am Main 1991, S. 316–348, hier: S. 327.
22 Lorenz Jäger: Walter Benjamin. Das Leben eines Unvollendeten. Berlin 2017, S. 208.
23 Leo Trotzki: Thermidor und Antisemitismus [1937]. In: Keßler (Hg.): Leo Trotzki oder Sozialismus, S. 145–155, hier: S. 152.
24 Vetter: Antisemiten und Bolschewiki, S. 262.

keiten, die sich daraus ergaben, offensichtlich. Um darauf aufmerksam zu machen, informierte er Ende März 1927 in der *Aktion* kurz über eine neu erschienene nationalsozialistische Broschüre, die seine Leserinnen und Leser ansonsten nicht zu interessieren habe, allein aus dem Grund, dass sie den Machtkampf zwischen Stalin und Trotzki als »Kampf Rußlands gegen das Judentum« darstelle.[25]

In seiner Studie zur Stalinisierung der KPD deutet der Historiker Hermann Weber an, dass der Machtkampf in der deutschen kommunistischen Partei ebenfalls eine antisemitische Konnotation gehabt habe. Um die »Intellektuellen« Fischer, Rosenberg und Scholem auszubooten, habe die Thälmann-Fraktion eine »antisemitische Grundstimmung« ausgenutzt.[26] Demgegenüber hält Mario Keßler fest, dass genau in dieser Phase, ab 1924, »die antisemitischen Stimmen innerhalb der Parteipresse« zurückgegangen seien, allerdings »ohne ganz zu verstummen«.[27] In *Die Marxisten und die jüdische Frage* behauptet Enzo Traverso sogar, nach dem Scheitern des Schlageter-Kurses sei die KPD gezwungen gewesen, die »antisemitische Sprache aufzugeben«.[28] Doch ganz verschwanden entsprechende Aussagen nicht. 1924 fand die Nürnberger Polizei in einem Büro der KPD 70 Flugblätter mit der Aufschrift »Nieder mit der Judenrepublik!«.[29]

Jüngere Studien weisen darauf hin, dass antisemitische Vorstellungen unterschwellig die Berichterstattung der *Roten Fahne* prägten, zum Beispiel zum Barmat-Skandal, der im Winter 1924 begann. In *Kapitalismus und politische Moral in der Zwischenkriegszeit* dokumentiert der Historiker Martin H. Geyer einen Cartoon aus der *Roten Fahne* vom Februar 1925 und kommentiert, damit würde Julius Barmat als jemand darge-

25 Franz Pfemfert: Literarische Neuerscheinungen. In: Die Aktion, Nr. 3/1927.

26 Hermann Weber: Die Wandlung des deutschen Kommunismus. Die Stalinisierung der KPD in der Weimarer Republik. Bd. 1. Frankfurt am Main 1969, S. 327, Fn. 40.

27 Keßler: Sozialisten gegen Antisemitismus, S. 233.

28 Enzo Traverso: Die Marxisten und die jüdische Frage. Geschichte einer Debatte (1843–1943). Aus dem Französischen v. Astrid St. Germain. Mainz 1995, S. 189.

29 Keßler: Sozialisten gegen Antisemitismus, S. 233.

stellt, »hinter« dessen »geschliffenen Manieren ein russischer oder polnischer, sprich: jüdischer Kriegsgewinnler« sich verstecken würde.[30] Doch solche feineren Analysen erfolgten erst nach 1945. Während der Weimarer Republik machte sich die Kritik an auffälligeren Beispielen und Vorfällen fest. Dass durch die Art, wie auch die KPD den Fall Barmat skandalisierte, vor allem die völkische Rechte profitierte, fiel allerdings der KPD-Leitung selbst nach einem Dreivierteljahr auf. Im Herbst 1925 stellte der Reichstagsabgeordnete Wolfgang Bartels klar, die KPD distanziere sich »grundsätzlich von der Opposition der deutschnationalen und volksparteilichen Barmat-Gegner«.[31]

Auf den ersten Blick scheinen die Positionen von Hermann Weber einerseits und Mario Keßler und Enzo Traverso andererseits sich zu widersprechen. Doch die Historiker beziehen sich auf verschiedene Sphären des politischen Lebens: Keßler und Traverso auf veröffentlichte Aussagen, Weber auf das, was sich hinter verschlossenen Türen abspielte. Was in den mittleren Jahren der Weimarer Republik auf jeden Fall zurückging, waren die Stimmen, die Antisemitismus aus den Reihen der KPD kritisierten. Das lag nicht nur daran, dass entsprechende Anlässe weniger wurden. Für die KPD war die Phase der Stabilisierung der Weimarer Republik – oder, wie die KPD meinte, der »relativen« Stabilisierung – der Auftakt zu gewaltigen Umbrüchen. In der kurzen Zeit von 1924 bis 1928 veränderte sich die KPD wie ihre russische Mutterpartei von Grund auf. Viele ehemals führende Mitglieder waren nach dieser Phase entmachtet, ausgeschlossen worden oder hatten die Partei resigniert verlassen. Damit ging eine Veränderung einher, die unübersehbar war: Aus einer Partei, deren öffentliches Erscheinungsbild in den ersten Jahren von Persönlichkeiten wie Luxemburg, Levi, Fischer, Scholem oder Thalheimer geprägt war, wurde innerhalb weniger Jahre eine Partei, aus deren Fraktionen und Gremien jüdische Mitglieder fast völlig verschwunden waren. Die KPD hatte sich, wie es der Luxemburg-Biograf Jörn

30 Martin H. Geyer: Kapitalismus und politische Moral in der Zwischenkriegszeit. Oder: Wer war Julius Barmat? Hamburg 2018, S. 47–49.

31 Wolfgang Bartels: Unsere Stellung zum Barmat-Skandal. In: Die Rote Fahne, Nr. 219, 23. September 1925.

Schütrumpf zugespitzt formuliert, »ohne Not freiwillig ›judenfrei‹ gemacht«.[32]

Selbst wenn niemand diesen Effekt beabsichtigt hatte, wurde die Tatsache ab dem Moment bedeutsam, da sie politisch ausgenutzt wurde. Nachdem der Nationalsozialist Richard Scheringer 1931 zur KPD übergelaufen war, schrieb er in einer für nationalistische Kreise bestimmten Broschüre, mittlerweile sitze im Zentralkomitee der Partei »kein einziger Jude«, im rechten Scherl-Verlag säßen dagegen »neun Vertreter dieser Rasse«, und fragte ironisch: »Wo ist da die jüdische Vorherrschaft in der Kommunistischen Partei?«[33] Die kommunistische *Welt am Abend* betonte ebenfalls: »In unserer Redaktion z.B. sitzt schon seit längerer Zeit nicht ein einziger Jude.«[34] Nach den Erinnerungen ehemaliger KPD-Mitglieder wurde in internen Gremien der Komintern schon früher so geredet. Als Thälmann 1925 zum Präsidentschaftskandidaten ernannt wurde, sei ihm diese Ehre, wie Theodor Koegler später mitgeteilt hat, »zu Kopf gestiegen«, »was die Russen bei seinem Besuch in Moskau sofort weghatten. Unter Appell an seine nicht geringe Eitelkeit (was die Judenbengels in Berlin können, kannst Du doch auch!) und an seinen Antisemitismus (wenn er getrunken hatte), kam er aus Moskau umgefallen zurück.«[35]

Dass Mitglieder der Komintern offen antisemitische Ausdrücke benutzten, wurde schon in der Weimarer Republik publik gemacht. 1929 veröffentlichte Rosa Aschenbrenner im Organ der KPD-Opposition, *Gegen den Strom*, einen offenen Brief an das ehemalige Zentralemitglied Josef Eisenberger, der mittlerweile in Moskau tätig war. Sie besitze, schrieb sie, sei-

32 Jörn Schütrumpf: Zwischen Liebe und Zorn: Rosa Luxemburg. In: Ders. (Hg.): Rosa Luxemburg oder: Der Preis der Freiheit. Berlin 2006, S. 9–46, hier: S. 22.

33 Richard Scheringer. In: Erwachendes Volk. 1931. Zit. n. Haury: Antisemitismus von links, S. 278, Fn. 103.

34 Zit. n. Alyn Beßmann: Das Verhältnis der Kommunistischen Partei Opposition (KPO) zu den Konsensfaktoren Nationalismus und Antisemitismus. Eine zeitgenössische Beurteilung der Zustimmung der deutschen Bevölkerung zum Nationalsozialismus. Hamburg 1998, S. 79. [Unveröffentlicht.]

35 Theodor Koegler. Zit. n. Weber: Die Wandlung des deutschen Kommunismus, S. 305, Fn. 50.

nen Brief noch, in dem er sie Mitte der 1920er Jahre ersucht hatte, sich für die Übernahme der Parteileitung bereitzuhalten, »denn die frechen Judenbengel Ruth, Katz und Scholem« hätten »bald abgewirtschaftet«.[36]

Die nationalsozialistische Broschüre, über deren Erscheinen die *Aktion* Ende März 1927 berichtete, sei an sich »zu minderwertig für den Papierkorb«, kommentierte Pfemfert. Er erwähne sie nur, weil sie zeige, wie ein Teil der extremen Rechten in Deutschland den Machtkampf in der KPdSU wahrnahm. Im »ganzen russischen Volke«, hieß es darin, würde der Machtkampf zwischen Stalin und Trotzki als »Kampf Rußlands gegen des Judentum aufgefaßt«. In der Nazi-Broschüre werde deshalb »eine *›Deutsch-russische Arbeitsgemeinschaft‹ zwischen Stalin und den deutschen Hakenkreuzlern*« gefordert.[37] Für Pfemfert war es zu dieser Zeit klar, dass es sich bei Stalin um einen »antisemitischen Faschisten« und »notorischen Judenhasser« handelte.[38] 1931 zitierte er noch einmal aus der Nazi-Broschüre, deren Verfasser zudem begeistert behauptet hatte, in Russland komme es zur Entwicklung eines »nationalen Sozialismus«.[39]

Arbeit und Nation

In seiner Autobiografie wies Trotzki 1929 zum ersten Mal gegenüber einer breiteren Öffentlichkeit auf den Antisemitismus unter Stalin hin. Allerdings beschränkten sich seine Hinweise auf Andeutungen. »Der Antisemitismus erhob das Haupt gleichzeitig mit dem Antitrotzkismus«, schrieb er ohne weitere Erklärung.[40] An anderer Stelle schilderte er, »notorisch nichtrevolutionäre, teils sogar offen faschistische Elemente« hätten als »Freiwillige im Kampf gegen den ›Trotzkismus‹« Demonstrationen der Opposition attackiert.[41] Für Trotzki war

36 Ein Briefwechsel. In: Gegen den Strom, Nr. 34, 24. August 1929.
37 Franz Pfemfert: Literarische Neuerscheinungen. In: Die Aktion, Nr. 3/1927.
38 Franz Pfemfert: Existiert noch eine Internationale des revolutionären Proletariats? Zu den Führerkämpfen in Rußland. In: Die Aktion, Nr. 1/1928.
39 Franz Pfemfert: Hakenkreuz und Stalin. In: Die Aktion, Nr. 3, 4. Juli 1931.
40 Trotzki: Mein Leben, S. 313.
41 Ebd., S. 459.

die judenfeindliche Agitation ein weiterer Beweis, dass Stalin und seine Gefolgschaft das Projekt der Bolschewiki verrieten. In diesem Sinne argumentieren auch viele historische Studien. Die Erklärung klingt bestechend einfach: Nachdem die Oktoberrevolution in Deutschland 1923 abgesagt worden war und sich die Komintern damit abfinden musste, dass die Weltrevolution bis auf Weiteres ausbleiben würde, habe sich Stalin mit seiner Idee eines »Aufbaus des Sozialismus in einem Lande« durchsetzen können. Im Zuge dessen habe der russische Nationalismus Einzug in die Politik der KPdSU gehalten, und so seien auch »Töne des alten russischen Antisemitismus« vernehmbar gewesen, den die Bolschewiki der ersten Stunde noch »so energisch verurteilt« hatten, schreibt der Historiker E.H. Carr.[42]

Verstand man unter Antisemitismus die Diskriminierung von Jüdinnen und Juden als ethnische oder kulturelle Minderheit, so fiel ab Mitte der 1920er Jahre allerdings eine entgegengesetzte Entwicklung auf:

> »Zum ersten Mal in der Geschichte förderte ein Staat die jiddische Sprache und Literatur. [...] Jeder Jude hatte das Recht auf Gebrauch des Jiddischen in Schule, Verwaltung, Gericht und allen anderen öffentlichen Einrichtungen. [...] Im Jahr 1927 gab es in der Sowjetunion 775 Schulen, darunter Grund-, Mittel- und Berufsschulen, technische Hochschulen und Lehrerseminare mit jiddischer Unterrichtssprache, die von 114 091 Schülern besucht wurden.«[43]

Das änderte nichts daran, dass weiterhin in vielen Köpfen ein Gegensatz zwischen »Russe« und »Jude« bestand, wie zum Beispiel Trotzkis Autobiografie zeigt. Doch Antisemitismus ist mehr als die nationale Diskriminierung der jüdischen Minderheit. Deswegen ist er allein durch die rechtliche Gleichstellung

42 Edward Hallett Carr: Die Russische Revolution. Lenin und Stalin 1917–1929. Aus dem Amerikanischen v. Friedrich W. Gutbrod. Stuttgart u.a. 1980, S. 163.

43 Arno Lustiger: Rotbuch: Stalin und die Juden. Die tragische Geschichte des Jüdischen Antifaschistischen Komitees und der sowjetischen Juden. Berlin ^{2}2002, S. 76 f.

von Jüdinnen und Juden und ihre Anerkennung als nationale Minderheit noch nicht überwunden.

Eine weitere Ebene ist zu berücksichtigen, auf der angeblich ein Wesensgegensatz zwischen »Juden« und dem neuen »Arbeiterstaat« bestehen sollte. Seit Jahrhunderten wurde Jüdinnen und Juden nachgesagt, sie würden keine produktive Arbeit leisten, sie wären dazu weder fähig noch willens und würden stattdessen von der Arbeit anderer profitieren. Diese Vorstellungen waren weit verbreitet, sogar unter Jüdinnen und Juden oder unter Menschen, die sich gegen Antisemitismus engagierten oder den Zionismus befürworteten. Dass solche Vorstellungen auch innerhalb der KPD existierten, zeigt das Buch *Der Untergang des Judentums. Die Judenfrage / Ihre Kritik / Ihre Lösung durch den Sozialismus* von Otto Heller. Über die Bewohnerinnen und Bewohner eines ukrainischen Dorfs schrieb er: »Die Leute waren richtige Bauern. Hätten sie nicht jüdisch gesprochen, man hätte nicht geahnt, bei Juden zu sein.«[44] Das meinte Heller positiv, ebenso wie den Titel seines Buchs. Das Wort »Jude« solle lediglich eine soziale Funktion innerhalb der kapitalistischen Gesellschaft bezeichnen; wie Heller in der zweiten Auflage 1933 erläuterte, sollte der Titel nichts anderes bedeuten als den »Untergang des spezifischen sozialen Typs«.[45] In einem Sammelbandbeitrag fasste er seine Position 1932 noch einmal zusammen: »Die Vernichtung der warenproduzierenden Gesellschaft in der Sowjetunion gibt die Probe aufs Exempel: stirbt die Ware, stirbt der Jude als sozialer Begriff, verschwindet das historische ›Judentum‹.«[46]

In *Die Marxisten und die jüdische Frage* schreibt Enzo Traverso, die Grundidee, die Heller vertrat, ziehe sich durch die Schriften der sozialistischen und kommunistischen Linken seit Marx' *Zur Judenfrage* von 1843 bis zu der im Untergrund verfassten Schrift *La conception matérialiste de la question juive* des belgischen Kommunisten Abraham Léon 100 Jahre später:

44 Otto Heller: Der Untergang des Judentums. Die Judenfrage / Ihre Kritik / Ihre Lösung durch den Sozialismus, Berlin / Wien 1931, S. 293.

45 Heller: Der Untergang des Judentums. Berlin / Wien ^{2}1933, S. 7.

46 Otto Heller: Kommunismus und Judenfrage. In: Klärung. 12 Autoren, Politiker über die Judenfrage. Berlin 1932, S. 81–96, hier: S. 92.

> »Die Vorstellungen des jungen Marx, die die authentische Emanzipation mit der ›Befreiung der Gesellschaft vom Judentum‹ gleichsetzte, diejenige Victor Adlers, die den ›Tod Ahasvers‹ herbeisehnt, oder die von Karl Kautsky, nach der ›die jüdische Nation nur um den Preis ihres Untergangs siegen kann‹, bekräftigen diese theoretische Position.«[47]

Hellers Buch handelte allerdings gar nicht vornehmlich von einem »Untergang«, sondern, mit dem detaillierten Reisebericht aus der Ukraine, Russland und dem ostasiatischen Gebiet Birobidjan, vielmehr von einer Art Renaissance des Judentums in der Sowjetunion. Ein offensichtlicher Widerspruch. Die begriffliche Verwirrung war, wie Erich Fromm in der *Zeitschrift für Sozialforschung* bemängelte, »Ausdruck einer theoretischen Inkonsequenz und Unklarheit«.[48] Es war Heller nicht entgangen, dass seine Verwendung des Begriffs »Jude« sich selbst widersprach. Er führte sie allerdings auf eine angeblich paradoxe Identität der Jüdinnen und Juden selbst zurück: »Das ist das scheinbar paradoxe, aber notwendige Schicksal des jüdischen Ostens: er kann nur durch den restlosen Untergang seiner bisherigen ökonomischen und sozialen Basis vor dem Untergang bewahrt werden.«[49]

Heller stammte aus einer jüdischen Familie. 1921 hatte er die KP der Tschechoslowakei mitgegründet, war 1926 des Landes verwiesen worden, nach Berlin gezogen und arbeitete seitdem für verschiedene kommunistische Zeitungen. Wegen inhaltlicher Differenzen wurde er auf Druck der KPD-Leitung von seiner Redakteursstelle bei der *Welt am Abend* abgesetzt. Ab 1929 bereiste Heller wiederholt die Sowjetunion, publizierte ein Buch über Sibirien und schließlich *Der Untergang des Judentums*.[50] Seine Bücher und Vorträge boten in Deutschland

47 Traverso: Die Marxisten und die jüdische Frage, S. 28.

48 Erich Fromm: Heller, Otto. Der Untergang des Judentums. In: Zeitschrift für Sozialforschung. Bd. I. 1932. Photomechanischer Nachdruck. München 1980, S. 438.

49 Heller: Der Untergang des Judentums, S. 177.

50 1939 verfasste Otto Heller ein weiteres, bislang unveröffentlichtes Buch mit dem Titel *Der Jude wird verbrannt*; siehe Tom Navon: The Jew Is to Be Bur-

die Möglichkeit, Informationen aus erster Hand über das jüdische Leben in der UdSSR zu erhalten. *Der Untergang des Judentums* war eine Mischung aus Reisebericht und theoretischer Abhandlung. Einerseits schilderte Heller das jüdische Leben mit viel Sympathie (in Bezug auf Palästina wich er in der ersten Auflage in einem entscheidenden Punkt sogar von der antizionistischen Parteilinie ab). Andererseits versuchte er, die verschiedenen Positionen von Bebel, Marx, Stalin usw. zu vereinigen und mit der sowjetischen Realpolitik seit Mitte der 1920er Jahre in Einklang zu bringen.

An Hellers Buch wird deutlich, wie im Marxismus-Leninismus die Idee der Nation mit den Vorstellungen der Arbeit verknüpft war: Um als nationale Gruppe wiederauferstehen zu können, müssten die Jüdinnen und Juden produktiv tätig werden – was sie angeblich bislang nicht waren. Dann würde der »von der Ware getrennte Jude« selbst »Werktätiger, Arbeiter und Bauer, wie es alle Werktätigen sind«, so Heller. Schüfen sich die Jüdinnen und Juden dann noch ein eigenes »nationales Territorium«, kehrten sie »zurück in die Reihe der Nationen«.[51] Der Präsident der Sowjetunion, Michail Kalinin, der das Birobidjan-Projekt maßgeblich förderte, hatte 1926 erklärt, das »jüdische Volk« stehe »vor der großen Aufgabe, seine Nationalität zu bewahren, und aus diesem Grund muss ein großer Teil der jüdischen Bevölkerung [...] eine wirtschaftlich stabile, landwirtschaftlich kompakte Gruppe bilden. Nur unter diesen Voraussetzungen dürfen die jüdischen Massen auf einen Fortbestand ihrer Nationalität vertrauen.«[52]

Es scheint selbstverständlich, dass eine unabhängige Nation eine eigene Volkswirtschaft braucht. Nur was für eine? Die, die bereits bestand, oder eine vollkommen andere? Diese Fragen rühren an zentrale Vorstellungen von der Arbeit nach der Revolution, im Sozialismus, an das Selbstverständnis des Prole-

ned: A Turning Point in the Communist Approach to the »Jewish Question« on the Eve of Catastrophe. In: Jewish History, Nr. 34/2021, S. 331–359.

51 Heller: Kommunismus und Judenfrage, S. 93.

52 Zit. n. Robert Weinberg: Birobidshan. Stalins vergessenes Zion. Illustrierte Geschichte 1928–1996. Aus dem Amerikanischen von Andrea Marenzeller. Frankfurt am Main 2003, S. 46.

tariats. Diese Vorstellungen wiederum wurden in den 1920er Jahren selten hinterfragt. Erst während des Zweiten Weltkriegs erstellte Leo Löwenthal eine erste kritische Analyse, wie sich antisemitische Ressentiments unter Arbeiterinnen und Arbeitern in den USA aus den Vorstellungen über die »Arbeit« ergaben, aus der Überzeugung, nur körperlich erschöpfende, manuelle Tätigkeiten seien »auch gesellschaftlich nützlich«, der gesamte Bereich des Warenaustauschs sei hingegen eigentlich »sozial überflüssig«.[53] Zur Zeit der Weimarer Republik gab es erste vereinzelte Hinweise, warum zum Beispiel die Hoffnung nicht aufging, dass sich die Arbeiterklasse lediglich von vermeintlich äußeren Zwängen befreien müsse und der Staat nach der Revolution einfach verschwinden würde. Die Fetischisierung der Arbeit bildete zudem, worauf Alexander Berkman 1925 hinwies, in Russland die Grundlage für eine Politik, die sich gegen die ethnisch-kulturellen Minderheiten richtete, von denen die Vorstellung verbreitet war, sie würden nicht »arbeiten«. Zugleich blockierte die fetischisierte Vorstellung von der Arbeiterklasse eine selbstkritische Auseinandersetzung mit den Wurzeln des Antisemitismus.

Befreiung der Arbeit oder Befreiung von der Arbeit?

Was ist das Ziel einer kommunistischen Revolution: die Befreiung der Arbeit oder die Befreiung *von* der Arbeit? Das kleine Wort markiert den Unterschied ums Ganze. Die Frage ließe sich auch so stellen: Wird es in einer klassenlosen Gesellschaft noch ein Proletariat geben oder nicht? Für den US-amerikanischen Historiker Moishe Postone ist die Antwort eindeutig. Die Aufhebung des Kapitalismus schließt, schreibt er in *Zeit, Arbeit und gesellschaftliche Herrschaft*, die »Abschaffung des Proletariats« mit ein. »Somit ist die entscheidende Frage des Sozialismus nicht die, ob eine Kapitalistenklasse, sondern die, ob

53 Leo Löwenthal: Vorurteilsbilder. Antisemitismus unter amerikanischen Arbeitern [1944/45]. Aus dem Amerikanischen v. Susanne Höppmann-Löwenthal. In: Ders.: Falsche Propheten. Studien zum Autoritarismus. Frankfurt am Main 1990, S. 175–237, hier: S. 189.

ein Proletariat noch existiert.«[54] Auch Lenin versprach in *Staat und Revolution*, das Proletariat werde »alle Klassenunterschiede und Gegensätze« abschaffen und damit »sich selbst als Proletariat« aufheben.[55] 1923 erinnerte Georg Lukács in *Geschichte und Klassenbewußtsein* an dieses Ziel: »Der revolutionäre Sieg des Proletariats ist also nicht wie bei früheren Klassen *die unmittelbare Verwirklichung des gesellschaftlich gegebenen Seins der Klasse*, sondern wie dies schon der junge Marx erkannt und scharf hervorgehoben hat: *ihre Selbstaufhebung*.«[56]

Die Zentrale der KPD konnte mit Lukács' Aufsatzsammlung wenig anfangen. In der *Roten Fahne* wurde es als kaum verständliches Machwerk eines »Geistesspezialisten« verrissen.[57] Von einer »Selbstaufhebung« des Proletariats war zu dieser Zeit kaum noch die Rede. Denn für den Marxismus-Leninismus »verkörperte« das Proletariat bereits vor der Revolution die neue Gesellschaft, trug sie gewissermaßen in sich, sodass der Sozialismus nur »die Selbstverwirklichung des Proletariats« sei.[58] Dem entsprachen die begeisterten Berichte aus Russland. Aus dem ehemaligen Zarenreich sei ein »Arbeiterstaat« geworden, hieß es 1920 begeistert im *ABC des Kommunismus*.[59] »In der Sowjetunion herrscht der Arbeiter!«, verkündete die *Rote Fahne* 1927.[60] Dabei wurde als Fernziel weiterhin in Aussicht gestellt, was Marx in seiner *Kritik des Gothaer Programms* einst angekündigt hatte: »Jeder nach seinen Fähigkeiten, jedem nach seinen Bedürfnissen«.[61] Die Befreiung der Arbeiterklasse

54 Moishe Postone: Zeit, Arbeit und gesellschaftliche Herrschaft. Eine neue Interpretation der kritischen Theorie von Marx. Aus dem Amerikanischen von Manfred Dahlmann u.a. Freiburg 2003, S. 76, 536 u. 557.

55 Wladimir I. Lenin: Staat und Revolution [1917]. Zit. n. Moritz Zeiler: Materialistische Staatskritik. Ein Einführung. Stuttgart 2017, S. 36.

56 Georg Lukács: Geschichte und Klassenbewußtsein. Studien über marxistische Dialektik [1923]. Darmstadt [10]1988, S. 157.

57 Ein neues Buch über Marxismus. In: Die Rote Fahne, Nr. 119, 27. Mai 1923.

58 Postone: Zeit, Arbeit und gesellschaftliche Herrschaft, S. 532.

59 Nikolaj I. Bucharin/Jewgenij A. Preobraschenskij: Das ABC des Kommunismus. Populäre Erläuterung des Programms der Kommunistischen Partei Russlands (Bolschewiki) [1920]. Zürich 1985, S. 63.

60 In der Sowjetunion herrscht der Arbeiter! In: Die Rote Fahne, Nr. 16, 20. Januar 1927.

61 Geschichte der Kommunistischen Partei der Sowjetunion (Bolschewiki) – Kurzer Lehrgang [1938]. Berlin (Ost) [8]1951, S. 431.

sollte demnach die Befreiung vom Zwang zu arbeiten mit sich bringen. In der kommunistischen Gesellschaft würde deshalb auch der Staat »absterben«, hatte Lenin in *Staat und Revolution* 1917 versprochen. Er berief sich dabei auf Engels' Prognose: »Solange das Proletariat den Staat noch gebraucht, gebraucht es ihn nicht im Interesse der Freiheit, sondern der Niederhaltung seiner Gegner, und sobald von Freiheit die Rede sein kann, hört der Staat als solcher auf zu bestehen.«[62]

Lenin warnte in *Staat und Revolution* zwar, dass es noch lange dauern würde, bis es so weit wäre. Doch schon in der Übergangszeit, behauptete er, sei nur »ein Übergangsstaat« nötig, »kein Staat im eigentlichen Sinne mehr«.[63] Anfang der 1920er Jahre räumte Lenin jedoch ein, dass seine Bolschewiki den »alten Staatsapparat übernommen« hatten. Das war, so Lenin, »unser Unglück«.[64] Nach Emma Goldmans Schilderung bestand nicht nur der alte Staat weiter. Sie beschrieb auch, wie der Zwang zu arbeiteten mit ähnlicher Gewalt umgesetzt wurde wie zu Zeiten der Leibeigenschaft: »Sobald die Zwangsarbeit Gesetz geworden war, wurde sie unbarmherzig zur Ausführung gebracht. Männer und Frauen, jung und alt, alle dünn bekleidet, in zerrissenen Schuhen oder die Füße in schmutzige Lappen gewickelt, wurden unterschiedslos in Frost und Schnee herausgetrieben, um Schnee zu schaufeln oder Eis zu brechen.«[65] In Russland sei der »bürgerliche Schmarotzer«, kommentierte Goldman, lediglich »durch den Apparat des bolschewistischen Schmarotzertums« ersetzt worden.

Die staatlichen Maßnahmen richteten sich nicht nur gegen Menschen der ehemals besitzenden Klassen. In *Der bolschewistische Mythos* erklärte Alexander Berkman, dass aus der Vorstellung, nur bestimmte Formen der Arbeit seien gesellschaftlich notwendig, die fortbestehende Diskriminierung von größeren Teilen der jüdischen Minderheit folgte. Jüdinnen und Juden erhielten, so Berkman, oft nur eine Brotkarte vierter Klasse,

62 Friedrich Engels: Brief an August Bebel. Zit. n. Wladimir I. Lenin: Staat und Revolution [1917]. Frankfurt am Main [o. J.], S. 93.

63 Lenin: Staat und Revolution, S. 95.

64 Zit. n. Wallat: Staat oder Revolution, S. 35.

65 Goldman: Die Ursachen des Niedergangs, S. 36.

denn sie galten mehrheitlich als »Intellektuelle« und wurden entsprechend »als Feinde des Proletariats, Verräter der Revolution dargestellt«. Die Bolschewiki, erklärte er, unternähmen zu wenig dagegen, im Gegenteil: »Der Hass auf die Bourgeoisie wurde auf die Intellektuellen umgelenkt, die offizielle Propaganda fördert und verstärkt diesen Geist.«[66]

Selbst Otto Heller kam 1931 nicht umhin zu berichten, dass gesetzliche Bestimmungen »oft von untergeordneten Instanzen auch in einer national gehässigen Weise ausgelegt« würden. Bestimmte »Bevölkerungselemente«, schrieb er mit Bezug auf die Lage von Jüdinnen und Juden in Russland, hätten nicht die »vollen Bürgerrechte«, weil sie als nicht werktätig galten.

> »Gemäß der Sowjetverfassung [...] sind bestimmte Bevölkerungselemente von der Nutznießung der vollen Bürgerrechte, vor allem also vom Wahlrecht, ausgeschlossen. [...] Diese Vorschrift der Konstitution ist vielfach in einer für die Juden drückenden Weise ausgelegt worden. Da die Juden eine besondere soziale Schicht darstellten, mußte selbstverständlich ein unverhältnismäßig hoher Prozentsatz solcher von den Bürgerrechten ausgeschlossener Elemente auf sie entfallen.«[67]

Diese judenfeindliche Begleiterscheinung lastete Heller, im Gegensatz zu Berkman, nicht der »offiziellen Propaganda« an, und Heller war zuversichtlich, dass neue »Bestimmungen« Abhilfe schaffen würden. Bemerkenswert ist, wo er den Ursprung der Probleme sah. Nämlich nicht in den Motiven oder Ressentiments, aus denen bestimmte Instanzen in der Bürokratie Verfassungsbestimmungen in einer »national gehässigen Weise« auslegten, sondern in einer vermeintlich nichtnormalen Sozialstruktur der jüdischen Minderheit.

66 Berkman: Der bolschewistische Mythos, S. 163.
67 Heller: Untergang des Judentums, S. 314 f.

Probleme beim Aufbau eines Staatssozialismus

Dass die Bolschewiki auf den Staat nicht verzichteten, lag nicht nur daran, dass sie ihn noch zur »Niederhaltung« ihrer »Gegner« benötigten (wie Engels es ausgedrückt hatte). Sie brauchten ihn auch, um die wirtschaftliche Produktion, »die Arbeit«, planwirtschaftlich zu regulieren und die Pläne umzusetzen. Aber wen repräsentierte dieser Staat? Schon 1918 hatte Luxemburg davor gewarnt, dass in einer sozialistischen Gesellschaft Mitbestimmung unerlässlich sei. Andernfalls drohe eine Diktatur. Ihr Fragment gebliebener Text *Zur Russischen Revolution* ist heute bekannt für den Satz, den sie am Rand notierte: »Die Freiheit ist immer die Freiheit der Andersdenkenden.« Die »demokratischen Formen des politischen Lebens«, die Meinungs- und Pressefreiheit, die Möglichkeit des öffentlichen Protests, seien »unentbehrliche Grundlagen« sozialistischer Politik. Wenn sie nicht gegeben wären, würde nur eine kleine Zahl »Parteiführer von unerschöpflicher Energie und grenzenlosem Idealismus« herrschen, und

> »eine Elite der Arbeiterschaft wird von Zeit zu Zeit zu Versammlungen aufgeboten, um den Reden der Führer Beifall zu klatschen, vorgelegten Resolutionen einstimmig zuzustimmen, im Grunde also eine Cliquenwirtschaft – eine Diktatur allerdings, aber nicht die Diktatur des Proletariats, sondern die Diktatur einer Handvoll Politiker, d. h. Diktatur im bürgerlichen Sinne«.[68]

Zehn Jahre nach Luxemburg analysierte Karl Korsch, der kurz zuvor aus der KPD ausgeschlossen worden war, erneut die Entfremdung zwischen dem Staat der Bolschewiki und dem Proletariat in Russland. Der neue Staat diene nicht der Befreiung des Proletariats oder der Mehrheit der Bevölkerung, schrieb er, sondern sei nur eine »neue Form des bürgerlichen Staats«, dessen

68 Rosa Luxemburg: Zur Russischen Revolution [1918]. In: Dies.: Gesammelte Werke. Bd. 4. August 1914 bis Januar 1919. Berlin (Ost) 1974, S. 332–365, hier: S. 362.

Zweck wie bei allen bürgerlichen Staatswesen darin bestehe, »die Herrschaft des Kapitals, die Sklaverei der Arbeit zu verewigen«. Es müsse dem russischen Proletariat gelingen, »sich selbst als revolutionäre Klasse auch gegenüber diesem neuen Staat zu konstituieren«.[69] Die proletarische Revolution stand in Russland dieser Analyse zufolge noch aus. Innerhalb der KPD waren es vor allem diejenigen, die als »ultralinks« bezeichnet wurden, die Kritik daran übten, dass in Russland kapitalistische Bedingungen bestanden. Werner Scholem schrieb 1926 an seinen Bruder Gerhard, was sich gegenwärtig in Russland abzeichne, sei »kein Aufstieg zum Sozialismus, sondern eine staatskapitalistische Entwicklung«.[70] Die Gefahren einer Diktatur sahen linke Kommunistinnen und Kommunisten auch durch die deutsche Partei gegeben, und zwar nach innen wie nach außen. Der Slogan »Die Revolution ist keine Parteisache« machte unter ihnen die Runde. Einer der früheren Köpfe der KAPD, Bernhard Reichenbach, schrieb 1928, die KPD, die »im Programm revolutionär« sei, habe bereits Anfang der 1920er Jahre »eine Führerdiktatur an Stelle der Klassendiktatur« setzen wollen.[71] Dass in der Phase vor 1928 ehemalige Kader wie Korsch, Rosenberg oder Scholem aus der KPD herausgedrängt worden waren, bestätigte das Bild.

Für die »meisten Sozialisten«, schrieb der Rätekommunist Paul Mattick am Ende des Zweiten Weltkriegs, war Sozialismus gleichbedeutend mit »staatlicher Kontrolle über die Produktionsmittel«.[72] Doch Planwirtschaft allein führt nicht zur Aufhebung des Kapitalismus. 1932 erklärte das ehemalige KPD-Mitglied Arthur Rosenberg in seiner *Geschichte des Bolschewismus*,

69 Karl Korsch: Zehn Jahre Klassenkampf in Sowjetrußland [1928]. In: Kommunistische Politik, Nr. 17/18. 1927, S. 1 f.

70 Zit. n. Marcel Bois: Kommunisten gegen Hitler und Stalin. Die linke Opposition der KPD in der Weimarer Republik. Eine Gesamtdarstellung. Essen 2014, S. 214.

71 Bernhard Reichenbach: Archiv für die Geschichte des Sozialismus, Nr. XIII/1928, S. 117–140, hier: S. 125.

72 Paul Mattick: Otto Rühle und die deutsche Arbeiterbewegung [1945]. In: Ders.: Spontaneität und Organisation. Vier Versuche über praktische und theoretische Probleme der Arbeiterbewegung. Frankfurt am Main 1975, S. 7–39, hier: S. 21.

warum in den landwirtschaftlichen Kollektiven im armen Russland die kapitalistische Wirtschaftsform nicht überwunden war. »Die Kollektive als Ganzes«, schrieb Rosenberg, hätten »kein anderes Interesse, als für ihre Mitglieder möglichst geschickt zu wirtschaften, möglichst wenig Ware zu den staatlichen Höchstpreisen und möglichst viel Ware zu den besseren privaten Preisen abzusetzen. Das ist echte Warenproduktion im kleinbürgerlichen Geist.«[73]

Aus heutiger Sicht könnte man meinen, es wäre die rätekommunistische Linke gewesen, die schon früh ganz eigene Vorstellungen entwickelt hätte, wie ein Sozialismus jenseits der bestehenden staatlichen Strukturen aufgebaut werden könnte. Doch wie Felix Klopotek in seiner Geschichte des Rätekommunismus betont, verstanden die Rätekommunistinnen und -kommunisten – wie die Bolschewiki – bis in die 1930er Jahre die Räte nur »als Phänomen einer spontanen Revolution, nicht aber als System einer politischen Ordnung«.[74] Erst dann formulierten sie eine radikale Kritik des Bolschewismus, und erst dann unterzogen sie den bolschewistischen Nationalismus einer radikalen Kritik. Die Gefahr des Antisemitismus wurde von der rätekommunistischen Linken vermutlich ähnlich falsch eingeschätzt wie von der parteikommunistischen und staatssozialistischen Linken.[75]

Die Erklärung, die Leo Trotzki 1937 für den Antisemitismus unter Stalin gab, konnte an Luxemburgs frühe Warnung und Korschs Kritik anknüpfen. Denn nach Trotzkis Ansicht war Judenfeindschaft in der Sowjetunion eine Folge der Konflikte zwischen Bevölkerung und Staatsapparat. Der »Hass der Bauern und Arbeiter auf die Bürokratie« war für ihn eine unleugbare »Tatsache im sowjetischen Alltag« seit Mitte der 1920er Jahre. Es habe sich eine Bürokratie gebildet, mit einer brei-

73 Arthur Rosenberg: Geschichte des Bolschewismus [1932]. Frankfurt am Main 1966, S. 257.

74 Felix Klopotek: Rätekommunismus. Geschichte – Theorie. Stuttgart 2021, S. 52.

75 Siehe Joachim Bruhn: Avantgarde und Ideologie. Nachbemerkung zum Rätekommunismus. In: Willy Huhn: Der Etatismus der Sozialdemokratie. Zur Vorgeschichte des Nazifaschismus. Freiburg 2003, S. 197 – 208.

ten Schicht von »neuen Aristokraten« um sich, die um ihre Privilegien fürchteten und deswegen versuchten, »den Unmut der arbeitenden Massen von sich selbst weg auf die Juden zu lenken«.[76] Damit erfüllte laut Trotzki die unterschwellige antisemitische Agitation im Stalinschen Machtapparat eine ganz ähnliche Funktion wie nach parteioffizieller Darstellung der Antisemitismus der Bourgeoisie in kapitalistischen Gesellschaften. Indem sie den Unmut auf einen Sündenbock schob, lenkte sie ihn von sich weg. Um zu erklären, weshalb sich ein Hass, der sich eigentlich gegen die Bürokratie richte, auf Jüdinnen und Juden umgelenkt werden konnte, verwies Trotzki – an diesem Punkt in marxistisch-leninistischer Tradition – auf eine vermeintliche Realität, in der »Juden« einen »großen Teil der Bürokratie« bilden würden. Wie der Historiker Ulrich Herbeck zu Recht anmerkt, erklärte Trotzki die Judenfeindschaft damit letztlich mit einem »jüdischen Anteil in Sowjetinstitutionen«.[77]

Fetischisierung der Arbeit

Eine Kritik des Arbeitszwangs und des Arbeiterstaats war von der KPD zur Zeit der Weimarer Republik nicht zu erwarten. 1925 zog sie mit der Parole »Wer nicht arbeitet, soll auch nicht essen« in den Wahlkampf, die schon die SPD im 19. Jahrhundert benutzt hatte.[78] Ganz im Sinne der sowjetischen Politik erklärte die Broschüre *Was wollen die Kommunisten?*: »Ausgeschlossen vom Wahlrecht« seien »in der proletarischen Ordnung alle die, die keine nützliche Arbeit für die Allgemeinheit verrichten«.[79] Doch was war schon »nützliche Arbeit«? Dass Arbeit einmal etwas anderes bedeuten könnte als Warenproduktion wie im Kapitalismus, war in Deutschland zu dieser

76 Trotzki: Thermidor und Antisemitismus, S. 147 f.

77 Ulrich Herbeck: Antisemitismus seit Beginn der Sowjetunion? In: Jens Mecklenburg/Wolfgang Wippermann (Hg.): »Roter Holocaust«? Kritik des Schwarzbuchs des Kommunismus. Hamburg 1998, S. 142–157, hier: S. 149.

78 Statt Schwindelaufwertung – wirkliche Entschädigung. In: Die Rote Fahne, Nr. 269, 20. November 1925.

79 Josef Lenz: Was wollen die Kommunisten? Berlin 1927, S. 41.

Zeit kaum noch denkbar. Spätestens nach der Weltwirtschaftskrise 1929 erschien die Lohnarbeit den meisten Erwerbstätigen ohnehin als letzte Rettung. Ein Viertel der KPD-Mitglieder war schon Mitte der 1920er Jahre von Erwerbslosigkeit persönlich betroffen. 1926 hieß es in der *Roten Fahne* unter der Überschrift *Nur die Arbeit kann uns retten!*:

> »Es ist kein langer Weg von dem Ruf ›Nur die Arbeit kann uns retten!‹ bis zu dem Schrei von zwei Millionen Menschen und mehr: ›Gebt uns Arbeit!‹ Und die Antwort hierauf ist das Eingeständnis der Ohnmacht, ist der Beweis, daß die bürgerliche Gesellschaft- und Wirtschaftsordnung am Erliegen ist.«[80]

Die Sowjetunion versprach hingegen Vollbeschäftigung. *Sowjetmacht schafft Brot und Arbeit* und »*Wir haben noch Arbeit für Millionen*«, verkündete die *Rote Fahne* Anfang der 1930er Jahre.[81] Doch um Lohn und Brot sorgten sich auch andere Parteien. Die NSDAP bezeichnete sich selbst ausdrücklich als Arbeiterpartei. 1932 appellierte der Nationalsozialist Gregor Strasser im Reichstag an die »antikapitalistische Sehnsucht des deutschen Volkes«.[82] Um der Verwirrung entgegenzuwirken, publizierte der *Rote-Fahne*-Redakteur Fritz David die Broschüre *Ist die NSDAP eine sozialistische Partei?*. David versprach, dass der Sozialismus eine »krisenlose Wirtschaft« schaffen und dazu das Kapital abschaffen werde, nicht aber die Arbeit:

> »Weil nur die Arbeit Wert schafft. Produktionsmittel sind zwar immer für den Produktionsprozeß erforderlich, aber nicht immer sind Produktionsmittel Kapital, nicht immer müssen die Produktionsmittel Wenigen gehören, es

80 »Nur die Arbeit kann uns retten!« In: Die Rote Fahne, Nr. 162, 15. Juli 1926.

81 Siehe Sowjetmacht schafft Brot und Arbeit. In: Die Rote Fahne, Nr. 199, 27. August 1930; Brief aus dem Lande ohne Erwerbslosigkeit. »Bei uns ist die Erwerbslosigkeit beseitigt« – »Wir haben noch Arbeit für Millionen« – Das Land der kurzen Arbeitszeit, steigender Löhne, steigenden sozialen Budgets und steigende Industrie. In: Die Rote Fahne, Nr. 47, 25. Februar 1931.

82 Zit. n. Schüddekopf: Nationalbolschewismus in Deutschland, S. 256.

war nicht immer so, es muß nicht so sein. Der Mensch kann Werte schaffen mit Produktionsmitteln, die kein Kapital sind. *Das Kapital kann abgeschafft werden, die Arbeit niemals*.«[83]

Diese Aussagen sind ein gutes Beispiel für das, was Postone als Kritik des Kapitalismus »vom Standpunkt der Arbeit« bezeichnet. Eine solche Kritik des Kapitalismus »geht davon aus, daß die industrielle Produktion, einmal konstituiert, unabhängig vom Kapitalismus funktioniert« und ihn deswegen überdauert.[84] Man kann daher auch von einem »Fetischismus der Arbeit« sprechen, weil »sie so aufgefasst wird, als würde sie den Wert der Ware ›produzieren‹«.[85] Als hätte Arbeit, als Tätigkeit an sich, die Fähigkeit, Wert zu schaffen, eine Fähigkeit, die ihr nach der Marxschen Analyse jedoch nur in kapitalistischen Gesellschaften zukommt. Obwohl Gebrauchswert und Tauschwert sich in der Ware gegenseitig bedingen und ihren »Doppelcharakter« ausmachen, gehört es, so Postone, zum Wesen der kapitalistischen Gesellschaft, dass sie den Eindruck erzeugt, die Ökonomie wäre in zwei voneinander unabhängige Bereiche geteilt. Die Produktion von Gütern erscheint so als lediglich durch technischen Fortschritt verändert, während die Verwertung des Werts oder die Ausbeutung auf die besitzenden Klassen, Banken und Börsen zurückgeführt werden. An diese Wahrnehmung schlossen seit dem 19. Jahrhundert die antisemitischen Reden vom »schaffenden« und »raffenden Kapital« an.[86] Die KPD distanzierte sich stets von ihnen. Doch die Unterscheidung eines ›schaffenden‹ Bereichs der Gesellschaft und eines ›raffenden‹ verwarf sie nicht.

Am 20. November 1925 brachte die *Rote Fahne* eine ganzseitige Zeichnung auf der Titelseite. Sie zeigte einen riesigen

83 Fritz David: Ist die NSDAP eine sozialistische Partei? Eine grundsätzliche Auseinandersetzung mit der NSDAP über Gewerkschaftsfragen, Sozialpolitik, Wirtschaft und Sozialismus. Wien u.a. 1933, S. 50.

84 Postone: Zeit, Arbeit und gesellschaftliche Herrschaft, S. 30.

85 Christopher J. Arthur: Arbeit, Zeit und Negativität. Aus dem Englischen von Lars Stubbe. In: Werner Bodefeld/Michael Heinrich (Hg.): Kapital & Kritik. Nach der »neuen« Marx-Lektüre. Hamburg 2011, S. 281–305, hier: S. 304.

86 Massing: Vorgeschichte des politischen Antisemitismus, S. 11.

Mann, der das Proletariat verkörpern soll. Als wäre es selbstverständlich, war bei derartigen Abbildungen oft ein einzelner Mann das Symbol für das Proletariat, keine Frau, keine Personengruppe. Der mächtige Mann steht mit einem Bein in einer kleinen Stadt, mit dem anderen in einer Fabrik. In seinen Händen hält er jeweils eine Person, die anhand der Kleidung als Großgrundbesitzer und als Kapitalist identifizierbar waren. Seine Körperhaltung macht deutlich, dass er die beiden aus der Welt schaffen würde. Dazu prangten auf der Titelseite die Worte: »Entfernt die Parasiten! Wählt Kommunisten« (Abb. 3).[87] Neu war eine solche Bildsprache nicht. In den Arbeiterparteien des 19. und 20. Jahrhunderts war es üblich, Ausbeutung und Unterdrückung nicht als strukturelles, sondern als personifiziertes Problem darzustellen. Das ging in den 1920er Jahren einher mit einer biologistischen Metaphorik zur Beschreibung der Volkswirtschaft.

Die Rede von den »Parasiten« erweckte den Anschein, das bestehende Wirtschaftsleben wäre wie ein Garten, der lediglich von Schädlingen befreit werden müsste, damit alles besser gedeihen könne. Entsprechend galten das Proletariat, die Fabrik, das Dorf oder die Stadt als das vermeintlich natürlich Gewachsene, Nützliche, die bürgerliche Klasse als eine fehlgeleitete historische Entwicklung, nutzlos, überflüssig. Insgesamt erschien der Kapitalismus als ein Problem, das von außen auf die Warenproduktion gekommen sei. In seiner *Geschichte der Weimarer Republik* schrieb Rosenberg, an sich würde die Produktion von Waren »natürlichen Zwecken« entsprechen. Allerdings sorge seit Mitte der 1920er Jahre ein neues »Finanzkapital« dafür, dass die Ökonomie außer Rand und Band geraten sei:

> »Der ungesunde und abnorme Charakter der deutschen Wirtschaft in diesen Jahren zeigte sich in dem Übergewicht der Finanzierungstechnik über das eigentliche Warengeschäft. […] Eine Brauerei ist in normalen Zeiten eine Einrichtung, um Bier herzustellen und mit Nutzen

87 Siehe Manfred Brauneck: Die rote Fahne. Kritik, Theorie, Feuilleton. 1918–1933. München 1973, S. VI.

Abb. 3 »Entfernt die Parasiten! Wählt Kommunisten«

> zu verkaufen. Ein Restaurant soll Speisen absetzen und ein Theater den Zuschauerraum füllende Stücke geben. Jetzt dienten die Brauerei, das Restaurant und das Theater nicht mehr ihren natürlichen Zwecken, sondern sie waren nur noch das Objekt von Finanzspekulation«.[88]

In »normalen Zeiten« sollte demnach die kapitalistische Wirtschaft nützlich für die Allgemeinheit sein. Dass jede Produktion im Kapitalismus zugleich Gebrauchswerte schafft, der Verwertung des Werts dient und für Lohnabhängige stets Ausbeutung bedeutet, wie es Marx oder Luxemburg analysiert hatten, ging in solchen Beschreibungen verloren. Nach Rosenbergs Darstellung befand sich die deutsche Wirtschaft in einer Krise, weil anstelle einer »natürlichen« kapitalistischen Produktion nun »geradezu phantastische Formen« der Ausbeutung herrschten, die er mit dem »Einfluß des Finanzkapitals« erklärte.

Der Begriff »Finanzkapital« war für die KPD zentral. Denn er diente dazu, die Zusammenhänge einer globalen Ökonomie zusammenzufassen. Dabei blieb seine Bedeutung bis in die 1930er Jahre schillernd. Lenin hatte ihn 1917, unter Berufung auf Rudolf Hilferdings Studie *Das Finanzkapital*, zur Definition des Imperialismus benutzt, den er als die »Herrschaft des Finanzkapitals« bezeichnete.[89] 1923 sprachen Brandler und Remmele von einem »jüdischen Finanzkapital«. Mitte der 1920er Jahre rief die KPD zur Einheit des Proletariats mit den »unterdrückten Völkern« gegen die »Einheitsfront des Finanzkapitals« auf.[90] 1930 verkündete Thälmann in einer Rede in Hamburg, die NSDAP sei das »schmutzigste Werkzeug des Finanzkapitals«.[91] Wenige Jahre später diente der Begriff Georgi Dimitroff zur Definition des Faschismus als »terroristische Diktatur der reaktionärsten, am meisten chauvinistischen,

88 Rosenberg: Weimarer Republik, S. 167.

89 Wladimir I. Lenin: Der Imperialismus als höchstes Stadium des Kapitalismus [1917]. Frankfurt am Main ^{2}1970, S. 49.

90 Geschichte der deutschen Arbeiterbewegung. Bd. 4. 1924 bis 1933, S. 124.

91 Wir stürmen für Sowjetdeutschland. Schluß der Rede des Genossen Thälmann in der Hamburger Riesenversammlung. In: Die Rote Fahne, Nr. 192, 19. August 1930; Naziführer als Landsknechte des Finanzkapitals. In: Die Rote Fahne, Nr. 150, 1. Juli 1930.

am meisten imperialistischen Elemente des Finanzkapitals«.[92] Bei aller Ambivalenz bot der Begriff stets die Möglichkeit, die Ursachen ökonomischer Probleme und politischer Einflussnahmen ins Ausland zu verlagern. Unter der Überschrift *Das neue Finanzkapital* hieß es 1926 in der *Roten Fahne*, die Monopolisierung der deutschen Industrie stehe *»unter dem Kommando des amerikanischen Finanzkapitals«*.[93] Das Finanzkapital, behauptete ein anderer Beitrag, sei Teil des US-amerikanischen Imperialismus:

> »[D]ieses neue Finanzkapital, das an dem deutschen Industriekapital emporwächst, gehört *ökonomisch* und *politisch* zum *amerikanischen Imperialismus*. Die deutschen Banken, die sich dazu hergeben, mit einem Fünftel sich am Ueberfremdungstrust zu beteiligen, sind nichts weiter als die *deutschen Agenten* der amerikanischen Finanzkapitalisten.«[94]

Zur Rolle des »Finanzkapitals« erklärte die Broschüre *Das politische Grundwissen des jungen Kommunisten* grundsätzlich, es sei *»eine ganz gewaltige ökonomische und politische Herrschaft einiger weniger*. In wenigen Händen befindet sich die Macht über ganze Völker und Nationen.«[95] Solche Beschreibungen globaler Zusammenhänge tragen, wie Thomas Haury in seiner Studie *Antisemitismus von links* herausarbeitet, stets verschwörungsideologische Züge. Bereits bei Lenin seien solche Darstellungen mit einer »in ihrer Wortwahl bezeichnende[n] Entgegensetzung von produktiver Arbeit und ›kapitalistischem Parasitismus‹« einhergegangen. Die reichen und mächtigen

92 Georgi Dimitroff: Die Offensive des Faschismus und die Aufgaben der Kommunistischen Internationale im Kampf für die Einheit der Arbeiterklasse gegen den Faschismus. In: Wilhelm Pieck u.a.: Die Offensive des Faschismus und die Aufgaben der Kommunistischen Internationale im Kampf für die Volksfront gegen Krieg und Faschismus. Referate auf dem VII. Kongreß der Kommunistischen Internationale [1935]. Berlin (Ost) 1957, S. 85–178, hier: S. 87.

93 Das neue Finanzkapital. In: Die Rote Fahne, Nr. 23, 18. März 1926.

94 Ein amerikanisch-deutsches Ueberfremdungs-Konsortium. In: Die Rote Fahne, Nr. 6, 8. Januar 1926.

95 Das politische Grundwissen des jungen Kommunisten, S. 92.

»Wucherstaaten«, hieß es bei Lenin, seien »Schmarotzer am Körper der übrigen Menschheit«.[96]

Das reine Proletariat

In Russland herrschte nach offizieller Darstellung das Proletariat. Innerhalb der kommunistischen Parteien Europas übernahmen im Lauf der 1920er Jahre ebenfalls »die Arbeiter« die Macht. So jedenfalls die Selbstinszenierung. Die Komintern, so E. H. Carr, legte bei der Wahl der Vorsitzenden »besonderen Wert auf eine einwandfreie Herkunft aus dem Arbeitermilieu«.[97] Die soziale Herkunft sollte dafür bürgen, dass die neuen Parteivorsitzenden im Interesse ›ihrer‹ Klasse handelten. In der KPD war es Thälmann, der »das ›proletarische Element‹ verkörperte«, erinnerte sich Rosa Meyer-Leviné. Sie war mit dem KPD-Funktionär Eugen Leviné verheiratet gewesen, der 1919 hinrichtetet worden war, und ab 1922 mit Ernst Meyer, der in dieser Zeit Parteivorsitzender war. »Thälmanns berühmte Geste, sich inmitten einer öffentlichen Ansprache den Kragen auszuziehen«, habe mehr zu seiner Popularität beigetragen, als es »seine Rhetorik je vermocht hätte«.[98]

Mit dem Image »des Proletariers« war eine Vielzahl von Wertvorstellungen verknüpft. Nicht zuletzt sollte die proletarische Identität vor einem chauvinistischen Nationalismus und vor rassistischen und antisemitischen Einstellungen schützen. Mit Blick auf die Sowjetunion brachte Heller diese Position auf die einprägsame Formulierung: »Die Arbeiter und Bauern der Sowjetunion sind keine Antisemiten. Der Antisemitismus ist ihnen etwas Wesensfremdes, wie jeder Nationalismus der arbeitenden Klasse etwas Fremdes, ihrem Wesen Widerstrebendes ist.«[99] Als diese Sätze 1931 veröffentlicht wurden, ließ sich in Deutschland kaum noch glauben, dass das Proletariat von

96 Zit. n.: Haury: Antisemitismus von links, S. 233.

97 Carr: Die Russische Revolution, S. 172.

98 Rosa Meyer-Leviné: Im inneren Kreis. Erinnerungen einer Kommunistin in Deutschland 1920–1933. Aus dem Englischen von Barbara Bortfeldt. Frankfurt am Main 1982, S. 83 u. 112.

99 Heller: Untergang des Judentums, S. 226.

Ideologien und Ressentiments frei wäre. Eine solche Hoffnung wurde durch den Aufstieg der NSDAP erschüttert. In der historischen Forschung wird oft angemerkt, dass sich die KPD erst spät und nur zögerlich mit den Ursachen des Antisemitismus beschäftigte. Erst 1931 erschien Hellers Buch *Der Untergang des Judentums* in erster Auflage. Erst im Jahr darauf veröffentlichten er und das neue KPD-Mitglied Alfred Kantorowicz ihre Beiträge in dem Sammelband *Klärung. 12 Autoren, Politiker über die Judenfrage*, in dem völkische Antisemiten ebenso zu Wort kamen wie zionistische oder liberale Stimmen, die den Judenhass verurteilten. Erst 1932 gab das Zentralkomitee der KPD mit dem Sammelbandbeitrag *Kommunismus und Judenfrage* seine erste und einzige Erklärung zu dem Themenkomplex. Wer den Text verfasste, ist nicht bekannt. Das ZK hatte zu dieser Zeit 38 Mitglieder.

Obwohl die NSDAP zu dieser Zeit ungeheuren Zulauf erhielt, umging das ZK die Frage, weshalb sich auch Teile des Proletariats den Nazis anschlossen. Dabei begann die ZK-Erklärung mit der Feststellung, der Nationalsozialismus mache den Antisemitismus zu einer seiner »wichtigsten Agitationswaffen« und sei »bemüht, Arbeiter in seine Reihen zu ziehen«. Trotzdem beschrieb das ZK nur, weshalb das Kleinbürgertum zu Judenfeindschaft neigte: »Die Ursachen der Verelendung, die das Kleinbürgertum zur Erkenntnis der Notwendigkeit des Bündnisses mit dem revolutionären Proletariat führen müssen, sobald es die wirklichen Zusammenhänge erkannt hat, diese Ursachen können Unwissenden mit Leichtigkeit als Schuld des Juden dargestellt werden.«[100] Auf den folgenden Seiten listete das ZK für verschiedene Berufsgruppen und Gesellschaftsschichten die unterschiedlichen Motive auf, die sie für judenfeindliche Hetze empfänglich machten. Das Proletariat fehlte. Dabei hatte die *Rote Fahne* fünf Jahre zuvor noch über Judenfeindschaft in der Arbeiterschaft kapitalistischer Staaten berichten müssen. Von dem »Antisemitismus, der selbst unter

100 Zentralkomitee der KPD: Kommunismus und Judenfrage. In: Der Jud' ist schuld …? Diskussionsbuch über die Judenfrage. Basel u.a. 1932, S. 272–286, hier: S. 273.

den Arbeitermassen in den kapitalistischen Staaten noch vorhanden ist«, hieß es dann jedoch, er habe

> »seine Grundlage weniger in den nationalen als in den Klassenunterschieden. Der Haß des rückständigen Arbeiters oder Bauern gegen den Juden richtet sich nicht gegen den werktätigen Juden, der Schulter an Schulter mit ihm arbeitet und ebenso wie er vom Kapitalismus ausgebeutet wird, sondern gegen den Kapitalisten: gegen den Wucherer auf dem Lande, gegen die protzige Stadtbourgeoisie.«[101]

Sogar in der Sowjetunion gebe es unter Industriearbeiterinnen und -arbeitern noch »antisemitische Strömungen«, schrieb Heller 1931 in seinem Buch. Sie würden jedoch, behauptete er, »immer seltener«. Denn sie ergaben sich nach seiner Deutung aus einer nichtproletarischen Herkunft: »Es handelt sich entweder um Arbeiter, die aus kleinbürgerlich denkenden Handwerkerschichten oder direkt aus dem Dorf in die Fabrik gekommen sind. Sie haben den Juden nur in der alten, dem Kleinbürgertum eigenen Vorstellung im Kopfe«.[102]

Der Glaube, dass das Proletariat an sich gefeit sei gegen antisemitische Vorstellungen, war zu dieser Zeit in der Sowjetunion schon kritisiert worden. Der Soziologe Juri Larin mahnte in seiner Studie *Evrei i antisemtizm v SSSR* (*Die Juden und der Antisemitismus in der UdSSR*), die bislang nur auf Russisch vorliegt: »Das Versagen bei der Bekämpfung des Antisemitismus rührt seit Jahrzehnten vor allem von der Überzeugung her, dass die Arbeiterklasse gegen antisemitische Gefühle immun sei.« Dass diese Studie 1929 erscheinen konnte, ist bemerkenswert. Denn sie gab auf der Grundlage von Umfragen einen Überblick über die Verbreitung judenfeindlicher Ressentiments innerhalb des russischen Proletariats. Im Widerspruch zu seiner eigenen Kritik erklärte allerdings auch Larin die bestehenden Ressentiments mit der nichtproletarischen

101 Die Sowjetmacht befreit die Nationen. In: Die Rote Fahne, Nr. 221, 20. September 1927.

102 Heller: Untergang des Judentums, S. 226.

Herkunft beziehungsweise mit dem Geschlecht: »Antisemitische Stimmungen verbreiten sich hauptsächlich unter dem rückständigen, mit der Bauernschaft verbundenen Teil der Arbeiter und unter den Frauen. [...] Viele Tatsachen verweisen auf die Anwesenheit von Komsomolzen und Parteimitgliedern unter den Antisemiten.«[103]

1932 musste das ZK der KPD aber auch erklären, weshalb ein Unmut, der ursprünglich auf »Klassenunterschieden« beruhen soll, sich überhaupt gegen Jüdinnen und Juden richten konnte. Dazu verwies es nicht nur auf eine falsche Einstellung unter den Antisemitinnen und Antisemiten, sondern, ähnlich wie Heller (und später Trotzki), auf eine vermeintlich anormale soziale Realität. Die grundsätzliche Position des ZK ist im folgenden Zitat zusammengefasst:

> »Da aber die frühere Funktion des Juden zur Gesamtfunktion der Gesellschaft geworden ist, sieht das nichtjüdische Opfer der kapitalistischen, warenproduzierenden Gesellschaft (soweit es sich nicht um Proletarier handelt, die die Bedingungen der bürgerlichen Klassengesellschaft kennen) in der Fortwirkung überlieferter Begriffe (das Sein ändert sich rascher als das Bewußtsein) in den Juden die Verursacher der eigenen Unbill. Dies ist um so leichter, als die Juden am Handels-, Banken- und Industriekapital stärker beteiligt sind, als der sozialen ›Normalität‹ entspräche.«[104]

Demnach ergab sich Judenfeindschaft aus zwei Komponenten: aus einem falschen Bewusstsein und aus einer vermeintlich nichtnormalen gesellschaftlichen Realität. Einerseits behauptete das ZK, entwickle sich das Bewusstsein auf der Seite der Ausgebeuteten und Unterdrückten langsamer als die Realität. Andererseits beschrieb das ZK den Anteil von »Juden am Handels-, Banken- und Industriekapital« als ungewöhnlich hoch.

103 Juri O. Larin: Evrei i antisemitismizm v SSSR [1929]. Zit. n. Keßler: Sozialisten gegen Antisemitismus, S. 192.

104 ZK der KPD: Kommunismus und Judenfrage, S. 281. – Heller integrierte ganz ähnlich lautende Formulierungen in die zweite Auflage seines Buchs. (Heller: Untergang des Judentums, ^{2}1933, S. 126 f.)

Durch die zweite Komponente sollte die Erklärung des ZK eine historisch-materialistische sein, die Judenfeindschaft nicht nur als falsches Bewusstsein, sondern als »notwendig« falsches Bewusstsein beschrieb. Entsprechend folgte, so Heller, aus einer Veränderung der Realität, aus dem »Untergang des Judentums«, dass damit der Antisemitismus verschwinden würde: »Der Untergang des Judentums setzt den Schlußpunkt hinter eines der traurigsten Kapitel der bürgerlichen Gesellschaft. Er vernichtet die Voraussetzungen einer der kläglichsten Abwehrbewegungen der bürgerlichen Welt gegen ihren Untergang: den modernen Antisemitismus.«[105]

Antisemitismus als »notwendig falsches Bewusstsein«

Erst 1947, in der zweiten Auflage der *Dialektik der Aufklärung*, in historischer Nähe zu Jean-Paul Sartres *Überlegungen zur Judenfrage*, entwickelten Theodor W. Adorno und Max Horkheimer einen historisch-materialistischen Ansatz, der die Ursachen des modernen Antisemitismus auf Seiten der Antisemitinnen und Antisemiten verortete und nicht vermeintliche Gründe in der Lage oder dem Verhalten von Jüdinnen und Juden suchte. In dieser Tradition steht auch Postones Ansatz, den Antisemitismus als Fetisch im Marxschen Sinne zu beschreiben. »Der moderne Antisemitismus ist also eine besonders gefährliche Form des Fetischs. Seine Macht und Gefahr liegen also darin, daß er eine umfassende Weltanschauung liefert, die verschiedene Arten antikapitalistischer Unzufriedenheit scheinbar erklärt und ihnen politischen Ausdruck verleiht.«[106] Postones Erklärungsansatz ist ein historisch-materialistischer, weil es nach seiner Marx-Lektüre die kapitalistische Gesellschaft selbst ist, die sich auf verschleiernde, mystifizierende Weise darstellt.

Im Anschluss an Postone wurde und wird darüber diskutiert, inwiefern der moderne Antisemitismus nicht nur auf einer fetischisierten Wahrnehmung der kapitalistischen Ge-

105 Heller: Untergang des Judentums, S. 126.

106 Moishe Postone: Antisemitismus und Nationalsozialismus [1979]. Aus dem Amerikanischen v. Dan Diner u.a. In: Ders.: Deutschland, die Linke und der Holocaust. Politische Interventionen. Freiburg 2005, S. 165–194, hier: S. 192.

sellschaft beruhen kann, sondern selbst ein Fetisch, ein »notwendig falsches Bewusstsein« ist.[107] Für eine Auseinandersetzung mit Antisemitismus innerhalb der Arbeiterschaft ließe sich die Diskussion auch anhand der Frage führen, ob das Proletariat ebenso wie die Bourgeoisie in fetischisierten Denkformen »befangen« ist oder ob das Proletariat über spezielle Erkenntnisfähigkeiten verfügt.

Dem »weltanschaulichen Marxismus« zufolge, schreibt Michael Heinrich in seiner Einführung in die Kritik der politischen Ökonomie, soll es stets ein »soziales Subjekt« gegeben haben, nämlich das Proletariat, »das aufgrund seiner besonderen Stellung in der bürgerlichen Gesellschaft über eine *besondere* Fähigkeit zum Durchschauen der gesellschaftlichen Verhältnisse verfügen würde«.[108] In ebendieser Frage besteht auch die grundsätzliche Differenz zwischen Lukács' *Geschichte und Klassenbewußtsein* und der Neuen Marx-Lektüre. Denn obwohl Lukács die Marxsche Kritik der politischen Ökonomie als Grundlage einer gesellschaftlichen Bewusstseins- und Erkenntnistheorie versteht, die die ganze Gesellschaft bestimmt, sprach er dem Proletariat dank seiner Stellung im Produktionsprozess eine besondere Erkenntnis- und Urteilsfähigkeit zu. Die »Selbsterkenntnis des Proletariats« sei, so Lukács, »zugleich die objektive Erkenntnis des Wesens der Gesellschaft«.[109]

107 Stephan Grigat: Fetisch und Freiheit. Über die Rezeption der Marxschen Fetischkritik, die Emanzipation von Staat und Kapital und die Kritik des Antisemitismus. Freiburg 2007, S. 305. – Den Begriff »notwendig falsches Bewußtsein« benutzt Theodor W. Adorno in der *Negativen Dialektik*. In einem Abschnitt über Marx und Lukács schreibt er, der Tausch habe »reale Objektivität«, sei »zugleich objektiv unwahr« und produziere so »notwendig falsches Bewußtsein«. Theodor W. Adorno: Negative Dialektik [1966]. Frankfurt am Main 1973, S. 190. Postone hingegen benutzt in *Antisemitismus und Nationalsozialismus*, in Anlehnung an Marx' »objektive Gedankenformen«, den Begriff »Denkformen [*form of thought*]«. Postone: Antisemitismus und Nationalsozialismus, S. 188. In *Zeit, Arbeit und gesellschaftliche Herrschaft* betont er, dass nicht »nur ein Bewußtsein, das die bestehende Ordnung bejaht«, »gesellschaftlich geformt« sei, sondern dass die »oppositionellen Subjektivitätsformen« ebenfalls in ihrer historisch-gesellschaftlichen Genese analysiert werden müssen. Postone: Zeit, Arbeit und gesellschaftliche Herrschaft, S. 74.

108 Michael Heinrich: Kritik der politischen Ökonomie. Eine Einführung. Stuttgart ²2004, S. 76 f.

109 Lukács: Geschichte und Klassenbewußtsein, S. 498.

Das gelte zwar nicht für alle einzelnen Arbeiterinnen und Arbeiter, aber für das Proletariat als Ganzes, das in einer kommunistischen Partei zusammenfindet. In diesem Punkt waren sich Lukács und die KPD wieder einig, weswegen die *Rote Fahne* 1923 einen Ausschnitt aus *Geschichte und Klassenbewußtsein* zur Funktion der Partei abdruckte.[110]

Auch wenn die KPD das Marxsche Konzept des Fetischs wenig berücksichtigte, lag ihrer Analyse des Antisemitismus die Auffassung zugrunde, dass bürgerliche Klassen auf klassenspezifische Weise die Welt wahrnehmen und über sie denken. Heller verwendete in *Der Untergang des Judentums* sogar den Begriff Fetisch zur Erklärung des Antisemitismus – allerdings ohne diesen Begriff »näher zu erläutern«, wie Konstantin Baehrens in dem Aufsatz *Antisemitismus als »Fetischisierung«* zu Recht einschränkt.[111] Heller schrieb, die Judenfeindschaft sei »ein Jahrtausende alter Popanz, der nichts anderes ist als der Bruder jenes Fetischs, der Ware heißt«.[112] In *Gegen den Strom* wurde der Antisemitismus 1930 ebenfalls als Fetisch bezeichnet und folgendermaßen erklärt:

> »Die ihrer Ideologie nach reaktionärsten Schichten des Kleinbürgertums und die korrumpiertesten Schichten des Proletariats sind der antisemitischen Demagogie am leichtesten zugänglich. Ihr Grundgedanke liegt auf derselben Ebene wie der von den Zauberern und Medizinmännern primitiver Negervölker geübte Brauch, den enttäuschten Gläubigen einen abgesetzten Fetisch zu opfern, an dem sie ihre Wut […] auslassen können«.[113]

110 Aus Georg Lukács: Geschichte und Klassenbewußtsein. Legalität und Illegalität. In: Die Rote Fahne, Nr. 185, 12. August 1923.

111 Konstantin Baehrens: Antisemitismus als »Fetischisierung«. Monographien von Otto Heller, Ernst Ottwalt und Hans Günther um 1933. In: Markus Börner u.a. (Hg.): Judentum und Arbeiterbewegung. Das Ringen um Emanzipation in der ersten Hälfte des 20. Jahrhunderts. Berlin/Boston 2018, S. 319–336, hier: S. 328.

112 Heller: Untergang des Judentums, S. 21.

113 »Haut die Juden!« Faschistische Parolen und Schlagworte. In: Gegen den Strom, Nr. 5, 1. Februar 1930.

In diesem Zitat bedeutet Fetisch nichts anderes als Irr- und Aberglaube. Von dem rassistischen Menschenbild einmal ganz abgesehen, hatte diese Verwendung des Begriffs »Fetisch« wenig zu tun mit der Fetischkritik im Sinne der Neuen Marx-Lektüre. Sie stand vor allem nicht im Widerspruch zu der Überzeugung, dass das Proletariat an sich frei wäre von fetischisierten und antisemitischen Denkweisen.

Ab Mitte der 1920er Jahre sollte dieser Glaube nicht mehr nur für das Proletariat gelten. Die Komintern erweiterte in dieser Zeit ihr Konzept des revolutionären Subjekts und formulierte den berühmten Aufruf aus dem *Manifest der Kommunistischen Partei* folgendermaßen um: »Proletarier aller Länder und unterdrückte Völker der Welt, vereinigt euch!«[114] Entsprechend sollte es bei den »schwachen und nur mangelhaft organisierten Völkern« keine Form des Rassismus oder des nationalistischen Ressentiments geben: Wer selbst unterdrückt wird, unterdrückt andere nicht. 1927 erklärte die *Rote Fahne*, eine Haltung, die auf den ersten Blick wie ein Ressentiment wirken könnte, sei in Wirklichkeit der berechtigte Unmut gegen die Unterdrückung. Für die »schwachen« Völker sei »der Fremde nur der *Ausbeuter*! Wenn ein derart getretenes Volk sich von seinen europäischen Parasiten zu befreien sucht, so ist das kein nationalistischer Fanatismus, sondern eine *soziale* Tat.«[115] Diese Auffassung prägte auch die antizionistische und proarabische Haltung seit dieser Zeit. Ende der 1920er Jahre tat die KPD so, als wären die Unterschiede zwischen besitzenden und besitzlosen Klassen im britischen Mandatsgebiet Palästina für die Beurteilung der dortigen Verhältnisse kaum noch relevant. Dass der »Araberaufstand« 1929 weitgehend von arabischen »Großgrundbesitzern« angeführt wurde, wie die *Rote Fahne* selbst schrieb, spielte für die Bewertung der KPD keine Rolle.

114 »Proletarier aller Länder und unterdrückte Völker der Welt, vereinigt euch!« Von G. Sinowjew. In: Die Rote Fahne, Nr. 153, 8. Juli 1925.

115 Die koloniale Befreiung – keine nationalistische, sondern eine soziale Forderung. In: Die Rote Fahne, Nr. 92, 20. April 1927.

Der Antizionismus der KPD

Für den Zionismus hatte die KPD kein gutes Wort übrig. Die erste Überschrift in der *Roten Fahne*, die das Wort »Zionismus« enthielt, lautete: *Zionismus – Kettenhund des englischen Imperialismus*.[1] Das war im Sommer 1925. Kurz vor dem Ende der Weimarer Republik verkündete das ZK in seiner Grundsatzerklärung *Kommunismus und Judenfrage*, die Partei würde den Zionismus »genauso wie den deutschen Faschismus« bekämpfen.[2] Zu dieser Zeit mussten sich KPD-Mitglieder gegen brutale, zum Teil mörderische Attacken der NSDAP-Sturmabteilungen verteidigen. Überflüssig zu erwähnen, dass die kleinen zionistischen Gruppierungen in Deutschland weder für die Politik der KPD noch für das Leben ihrer Mitglieder eine nur annähernd vergleichbare Gefahr darstellten. Zur Begründung ihrer feindseligen Ablehnung des Zionismus berief sich die KPD auf Aussagen von Lenin über den Allgemeinen Jüdischen Arbeiterbund oder auf Josef Stalins Abhandlung *Marxismus und nationale Frage*.

Lenin hatte in der Auseinandersetzung mit den Bundisten 1903 geschrieben, die »Idee der jüdischen ›Nationalität‹« trage einen »offenen reaktionären Charakter«, und zwar »nicht nur bei ihren konsequenten Anhängern (den Zionisten), sondern auch bei denen, die versuchen, sie mit den Ideen der Sozialdemokratie in Einklang zu bringen (den Bundisten)«.[3] Trotzki hatte zu dieser Zeit eine ganz ähnliche Position vertreten. Stalin ging in *Marxismus und nationale Frage* 1913 darüber hinaus. Er stellte den Bund als eine Gruppierung dar, die sich »rein nationalistischen« Zielen verschreibe. Als Begründung führte er unter anderem an, dass der Bund »das ›Feiern des Sabbat‹

1 Zionismus – Kettenhund des englischen Imperialismus. Zum Wiener Zionistenkongreß. In: Die Rote Fahne, Nr. 168, 25. Juli 1925.

2 ZK der KPD: Kommunismus und Judenfrage, S. 284.

3 Wladimir I. Lenin: Assimilierung oder Absonderung? [Ausschnitt aus: Die Stellung des ›Bund‹, 1903]. In: Ders.: Über die Judenfrage. Moskau 1932, S. 12–16, hier: S. 14.

und die ›Anerkennung des Jiddischen‹ für einen Kampfpunkt seiner Wahlkampagne erklärte«.[4] Stalin sprach in diesem Text Jüdinnen und Juden ab, eine Nation zu sein. In der zweiten Hälfte der 1920er Jahre galten in Russland unter Stalin für die jüdische Minderheit allerdings die Rechte einer nationalen Minderheit.

Rosa Luxemburg hatte für zionistische Bestrebungen 1918 ebenfalls nur Spott übrig. In einem Fragment gebliebenen Text schrieb sie: »Der Nationalismus ist augenblicklich Trumpf. Von allen Seiten melden sich Nationen und Natiönchen mit ihren Rechten auf Staatenbildung an. […] Zionisten errichten schon ihr Palästina-Ghetto, vorläufig in Philadelphia«.[5] Allerdings stand Luxemburgs Ablehnung in einem ganz anderen Kontext als der Antizionismus der russischen Bolschewiki. Luxemburg hatte schon vor dem Ersten Weltkrieg die Idee einer »›nationalen‹ Befreiung« scharf kritisiert. Die späteren Bolschewiki hatten 1905 hingegen das »Selbstbestimmungsrecht der Nationen« in ihr Programm aufgenommen, und seit 1920 unterstützte die Komintern auf der ganzen Welt nationale Befreiungsbewegungen, unabhängig davon, ob diese eine sozialistische, kommunistische oder bürgerliche Politik verfolgten. Dass Nationalbewegungen in den Kolonialgebieten gegen den westlichen Imperialismus kämpften, reichte aus Sicht der Komintern aus, um sie als Bündnispartner anzuerkennen. Die Ablehnung des Zionismus bedeutete im Übrigen nicht, dass die Komintern Jüdinnen und Juden das sogenannte Recht auf nationale Selbstbestimmung grundsätzlich absprach. Es sollte allerdings nur innerhalb der Sowjetunion gelten. Außerhalb der Sowjetunion kam Jüdinnen und Juden hingegen nicht die kommunistische Solidarität für unterdrückte Nationen zu – im Gegensatz zu der chinesischen oder den arabischen Nationalbewegungen.

Während also Luxemburg schon die Idee einer »›nationalen‹ Befreiung« an sich zurückwies (und dabei das Wort »natio-

4 Josef W. Stalin: Marxismus und nationale Frage [1913]. In: Ders.: Werke. Bd. 2. 1907–1913. Dortmund 1976, S. 266–333, hier: S. 267 f.

5 Rosa Luxemburg: Fragment über Krieg, nationale Frage und Revolution [1918]. In: Dies.: Gesammelte Werke. Bd. 4. S. 366–373, hier: S. 367 f.

nal« nur zitierend gebrauchte), lehnte die Komintern unter den Nationalbewegungen in Kolonial- oder Mandatsgebieten nur den Zionismus ab. Die KP Palästinas, die sich offiziell der Politik der Komintern unterordnete, wies in den 1920er Jahren gleichwohl wiederholt auf die Widersprüche der antizionistischen und proarabischen Position hin. Ende der 1920er Jahre kritisierte in Deutschland ein Mitglied der KPD-Opposition den Antizionismus der Mutterpartei. In *Gegen den Strom* stellte L.K. 1929 nicht nur klar, dass sich die KPD mit ihrer Parteinahme für die arabische und gegen die jüdische Seite vom Klassenkampfstandpunkt abwende. K. brachte den Antizionismus auch mit einer antisemitischen Grundstimmung innerhalb des Führungsgremiums der KPD in Zusammenhang.

Luxemburgs Antinationalismus und der marxistisch-leninistische Antizionismus

Luxemburg hatte ihre Position in einer langen Artikelserie 1908 in Abgrenzung zur SAPR, der Partei Lenins, und der zweiten polnischen sozialdemokratischen Partei, der PPS, entwickelt, die bis ins 20. Jahrhundert hinein die »Wiederherstellung« Polens gefordert hatte. Grundsätzlich stellte Luxemburg klar, dass das »Selbstbestimmungsrecht der Nationen« nichts enthalte, »was spezifisch mit Sozialismus oder Arbeiterpolitik verbunden« sei.[6] Die Parteien der Zweiten Internationale hätten eine andere Aufgabe: »Die Sozialdemokratie ist also nicht zur Verwirklichung eines Selbstbestimmungsrechts der Nationen berufen, sondern des Selbstbestimmungsrechts der arbeitenden Klasse, der ausgebeuteten und unterdrückten Klasse – des Proletariats.«[7] Die Schaffung moderner »›National‹-Staaten« sei, so Luxemburg, die historische Aufgabe der Bourgeoisie gewesen. Die »geschichtliche Aufgabe des Proletariats« sei im Gegensatz dazu die »Abschaffung dieses Staates als politische Form des Kapitalismus«.[8] Einige Jahre zuvor hatte Lenin

6 Luxemburg: Nationalitätenfrage und Autonomie, S. 45.
7 Ebd., S. 73.
8 Ebd., S. 93.

eine ähnliche Position formuliert, allerdings in einem nicht namentlich gezeichneten Zeitschriftenbeitrag. Es sei »nicht Sache des Proletariats«, so Lenin 1903, »Föderalismus und nationale Autonomie zu propagieren, es ist nicht Sache des Proletariats, Forderungen aufzustellen, die unweigerlich auf die Forderung hinauslaufen, einen autonomen Klassenstaat zu bilden«.[9] Luxemburg konnte also 1908 noch davon ausgehen, dass sie eine Mehrheitsposition vertreten würde.

Eine marxistische Kritik habe, so Luxemburg, die Idee einer Nation als eine »jener Kategorien der bürgerlichen Ideologien« einer »radikalen Revision« zu unterziehen.[10] Es sei deswegen falsch, sich auf ein angebliches Interesse oder einen Willen einer »Nation« zu berufen. Ihre eigene Partei, die SDKPiL, habe »niemals den Anspruch erhoben, im Namen der ›Nation‹ zu sprechen«.[11] Das täten alle politischen Strömungen, und sie könnten es tun, weil die Idee eines »Willens der ›Nation‹« letztlich leer sei. In diesem Zusammenhang kritisierte Luxemburg auch den »zweischneidigen Charakter der ›nationalen‹ Befreiung«. Als Beispiele wählte sie nicht nur die ehemaligen europäischen Kolonien Brasilien oder Argentinien, sondern auch die Vereinigten Staaten von Amerika, die sich in der zweiten Hälfte des 18. Jahrhunderts von England gelöst hatten, und Australien. Die USA seien mittlerweile

> »einer der wichtigsten Herde der imperialistischen Eroberung. Genauso erlangten Brasilien, Argentinien und weitere ehemalige Kolonien, in denen Auswanderer – Portugiesen und Spanier – das führende Element bilden, vor allem deshalb die Unabhängigkeit von den europäischen Staaten, um den Handel mit den Schwarzen selbständig durchführen und sie auf den Plantagen ausbeuten sowie alle schwächeren Kolonien in der Umgebung annektieren zu können.«[12]

9 Anonym [Wladimir I. Lenin]: Das Manifest der armenischen Sozialdemokraten. Zit. n. Holger Politt: Rosa Luxemburgs »Krakauer Horizont«. In: Luxemburg: Nationalitätenfrage und Autonomie, S. 10–40, hier: S. 22.

10 Luxemburg: Nationalitätenfrage und Autonomie, S. 69.

11 Ebd., S. 79.

12 Ebd., S. 68.

Durch die »nationale« Unabhängigkeit werde, so Luxemburgs Argument, die Unterdrückung von Menschen nicht aufgehoben, sondern die Bourgeoisien der ›unabhängig‹ gewordenen Staaten würden nur in die Lage versetzt, fortan andere zu unterdrücken. Am System der imperialistischen Ausbeutung und Unterdrückung ändere sich dadurch nichts. Als sich Australien aus der »Lage herkömmlicher englischer Kolonien befreit« hatte und seine Unabhängigkeit beanspruchte, habe es, so Luxemburg weiter, »sofort mit der Eroberungspolitik« begonnen, »nämlich gegen die Neuen Hebriden und gegen Neuguinea, um bei dieser Gelegenheit, hierin geschickt die Vereinigten Staaten von Amerika nachahmend, die sonderbare ›nationale‹ Doktrin zu verkünden, daß ›Australien den Australiern gehören soll‹«.[13]

Zehn Jahre später erneuerte sie diese Kritik in ihrem Fragment gebliebenen Text zur Russischen Revolution. Nun war ihr Ton deutlich schärfer. Sie prangerte in *Zur russischen Revolution* die Zensur an und forderte freie Meinungsbildung, Demonstrations- und Versammlungsrecht. Denn diese bildeten das Lebenselixier aller notwendigen politischen Prozesse, seien unabdingbar, während das »Selbstbestimmungsrecht der Nationen« unsozialistisch sei. Bei den »demokratischen Formen des politischen Lebens« handle es sich, so Luxemburg, »tatsächlich um höchst wertvolle, ja unentbehrliche Grundlagen der sozialistischen Politik«. Das »famose ›Selbstbestimmungsrecht der Nationen‹« sei hingegen »nichts als hohle kleinbürgerliche Phraseologie und Humbug«.[14] Die »Phrase von der Selbstbestimmung und die ganze nationale Bewegung« stellten, so Luxemburg weiter, »gegenwärtig die größte Gefahr für den internationalen Sozialismus« dar.[15]

Ganz anders die Bolschewiki. Sie versuchten, das, was auch sie als »Judenfrage« bezeichneten, als eine nationale Frage anzugehen und zu lösen. Dieser Ansatz konnte nicht auf Westeuropa übertragen werden, wo sich die Mehrheit der Jüdinnen

13 Ebd., S. 97 f.
14 Luxemburg: Zur russischen Revolution, S. 347.
15 Ebd., S. 352.

und Juden nicht als eine Nation im modernen Sinn verstand, sondern als religiöse, kulturelle oder familiäre Minderheit. Die Schwierigkeiten, die Komplexität jüdischer Identität in das nationale Raster zu pressen, zeigten sich 1920 allerdings auch schon in den späteren Mitgliedstaaten der UdSSR. Beim Kongress der »Völker des Ostens« in Baku, Aserbaidschan, traten gleich drei verschiedene jüdische Abordnungen auf. Keine andere Gruppe war durch mehrere Delegationen vertreten. Laut Protokoll sprach als erste die Delegation der »Bergjuden«, der jüdischen Bevölkerung Aserbaidschans und Dagestans, als zweite die der Jüdischen Kommunistischen Partei Palästinas, aus der 1923 die Kommunistische Partei Palästinas (Palestinište Komunistiše Partej, PKP) hervorging. Die dritte Delegation kam von der Jüdischen Sektion der russischen KP.

Die erste Delegation sprach sich in ihrem Kongressbeitrag, der unter der Überschrift *Thousands of Jewish toilers need land* erschien, für die Schaffung einer jüdischen kommunistischen Gemeinschaft in Palästina aus: »Only the victory of the oppressed over the oppressors will bring us to our sacred goal – the creation of a Jewish communist society in Palestine.«[16] Die Delegation der JKP Palästinas verwies hingegen auf die bereits bestehenden Konflikte zwischen den ethnischen Gruppierungen im britischen Mandatsgebiet Palästina und forderte in ihrer Stellungnahme, die jüdischen und die arabischen »werktätigen Massen« sollten sich zusammenschließen: »Only a close alliance of the Jewish and Arab working masses can genuinely overcome these obstacles, liberate the country forever from these dark reactionary forces, and bring Palestine a new and free life.«[17] Die Jüdische Sektion der KPR kam zu einer völlig anderen Schlussfolgerung. Sie verwies zwar darauf, dass die britische Mandatsmacht in Palästina die Konflikte zwischen der arabischen und der jüdischen Bevölkerung schüren würde,

16 Thousands of Jewish toilers need land. In: John Riddell (Hg.): To See the Dawn. Baku, 1920 – First Congress of the Peoples of the East. New York u.a. 1993, S. 282–284, hier: S. 283 f.

17 Settle and Colonize Palestine on communist principles. Declaration of Jewish Communist Party (Poale Zion) delegation to the Baku congress. In: Ebd., S. 284–288, hier: S. 287.

und erinnerte an ein drei Tage dauerndes Pogrom im Frühjahr 1920. Allerdings zog die Jüdische Sektion daraus nicht die Konsequenz, gegen Judenfeindschaft in der arabischen Bevölkerung aktiv zu werden, sondern forderte, das jüdische Proletariat solle sich nicht in Palästina ansiedeln. Der »*slogan of the Jewish proletariat*« habe zu lauten: »*Hands off Palestine!*«[18]

Der im Lauf der 1920er Jahre entwickelte Antizionismus der Komintern und damit ebenso der KPD bezog sich nicht auf einzelne Strömungen innerhalb der facettenreichen zionistischen Bewegung, sondern auf die Idee des Zionismus an sich oder den Wunsch, in Palästina eine »Heimstätte« für Jüdinnen und Juden zu schaffen. Dabei musste vieles ignoriert werden. Zum Beispiel die Tatsache, dass es schon vor Beginn der ersten Aliyah-Bewegung im 19. Jahrhundert eine jüdische Gemeinschaft in Palästina gab. Oder die politischen Ziele der anarchistischen Kibbuzbewegung, die die Balfour-Deklaration nicht als Versprechen auf einen jüdischen Nationalstaat verstand:

> »Der Zionismus der frühen Kibbuzniks hatte sich nie eine staatliche Erneuerung vorgestellt, welche die Form des Prozesses einer Staatenbildung annehmen könnte. Für sie bedeutete die Balfour-Deklaration von 1917, in der eine ›nationale Heimstätte‹ für die Jüdinnen und Juden versprochen wurde, lediglich eine Gelegenheit, um eine völlig neue Form von Gesellschaft aufzubauen und ihre Träume und Visionen in die Praxis umzusetzen.«[19]

Ignoriert wurde auch, dass die antizionistische und proarabische Position der Komintern die PKP in eine ausweglose Situation brachte, wenn das »Recht auf nationale Selbstbestimmung« für ihre jüdischen Mitglieder nicht gelten sollte. Dabei beschäftigte ihre »nationale« Identität sie bei ganz alltäglichen Fragen und schlug sich zum Beispiel in Diskussionen darüber nieder, in welcher Sprache sie sich nach außen hin präsentie-

18 The Slogan of the Jewish Proletariat Must Be »Hands Off Palestine!«. In: Ebd., S. 288–291, hier: S. 290.

19 James Horrox: Gelebte Revolution. Anarchismus in der Kibbuzbewegung. Aus dem Englischen von Lou Marin. Heidelberg 2021, S. 86.

ren sollten: auf Jiddisch oder Hebräisch.[20] Solidarität durch die Komintern erfuhr in Palästina vor allem der arabische Nationalismus; die jüdischen Mitglieder der PKP waren angehalten, den arabischen »Befreiungskampf« zu unterstützen. Was sie sich selbst davon versprachen, beschrieb ihr ehemaliger Vorsitzender Joseph Berger kurz und knapp 50 Jahre später in seiner Autobiografie: »The nationalism of colonial populations ought [...] to be encouraged and used as a weapon against imperialism. They could be weaned from it later, with the growth of the proletariat and of political life.«[21]

Daran mitzuwirken, den arabischen Nationalismus zu schüren, bedeutete jedoch auch, eine bereits zu dieser Zeit bestehende Feindseligkeit gegen Jüdinnen und Juden zu befördern, die sich unter anderem gegen Mitglieder der PKP selbst gerichtet hatte. Dabei war bekannt, dass es Anfang der 1920er Jahre offenen Judenhass in Palästina gab, der schon zu Gewaltausbrüchen geführt hatte. Ein PKP-Mitglied berichtete 1923 im Organ der Komintern, der *Internationalen Pressekorrespondenz*:

> »Am 1. Mai 1921 veranstalteten die Kommunisten eine Demonstration, die von den Mitgliedern der gelben Gewerkschaften angegriffen wurde. Die eingeborene Bevölkerung, deren Pogromstimmung von den englischen und französischen Provokateuren und von ihren eigenen Nationalisten schon lange geschürt wurde und die den Sinn der Demonstration nicht begriff, stürzte sich auf die Demonstranten und ging dann zu einem allgemeinen Pogrom gegen die Juden über.«[22]

Bei diesen Angriffen waren 43 Jüdinnen und Juden getötet und 134 verletzt worden. 1925 wies Joseph Berger in der *Inprekorr* er-

20 Siehe Alexander Flores: Nationalismus und Sozialismus im arabischen Osten. Kommunistische Partei und arabische Nationalbewegung in Palästina 1919–1948. Münster 1980, S. 242.

21 Joseph Berger: Shipwreck of a Generation. The Memoirs of Joseph Berger. London 1971, S. 100.

22 Die Arbeiterbewegung in Palästina. In: Internationale Pressekorrespondenz (Inprekorr), Nr. 29/1923. In: Dokumente zum Studium der Palästina-Frage (1922–1948). Offenbach 1997, S. 4.

neut darauf hin, dass es »zu elementaren Ausbrüchen der Araber gegen die Juden« komme, denen »jüdische Arbeiter zum Opfer fallen«.[23] Betitelt war Bergers Beitrag allerdings mit *Zionistischer Terror in Palästina*. Diese Überschrift sorgte nicht dafür, das Hauptaugenmerk auf die antisemitische Gewalt zu richten.

Pogromartige Ausschreitungen in Palästina im August 1929

Zu dem größten Gewaltausbruch kam es im Spätsommer 1929. Bei pogromartigen Ausschreitungen wurden seit dem 23. August bis Ende des Monats im ganzen Mandatsgebiet 133 Jüdinnen und Juden ermordet. Getötet wurden auch 116 Araberinnen und Araber, in vielen Fällen allerdings vom Militär oder von der Polizei.[24] Es gibt einige Hinweise, dass die Gewalt schon längere Zeit geplant war. So hatten christliche Bewohnerinnen und Bewohner der attackierten Wohngebiete »vor den Unruhen ihre Häuser mit einem Kreuz gekennzeichnet«, um sich zu schützen.[25] Kurz vor dem Ausbruch der Gewalt war ein Flugblatt einer Gruppe namens Arabische Studenten Jerusalems auf den Straßen verteilt worden, in dem es hieß:

> »Vergesst nicht, dass der Jude Euer starker Feind und von alters her der Feind Eurer Ahnen ist. […] Er, der Jude, will Euch nun abschlachten, wie er es gestern getan. Seid Euch bewusst, dass der beste Weg, Euch selbst und Euer Vaterland aus dem Würgegriff des fremden Eindringlings und gierigen Juden zu retten, darin besteht, dass Ihr ihn boykottiert.«[26]

23 Zionistischer Terror in Palästina. Von J.B. (Jerusalem). In: Dokumente, S. 11.

24 Siehe Gudrun Krämer: Geschichte Palästinas. Von der osmanischen Eroberung bis zur Gründung des Staates Israels. München 2003, S. 264–273; Tilman Tarach: Der ewige Sündenbock. Heiliger Krieg, die »Protokolle der Weisen von Zion« und die Verlogenheit der sogenannten Linken im Nahostkonflikt. Kopenhagen u.a. [2]2009, S. 9–26.

25 Tom Segev: Es war einmal ein Palästina. Juden und Araber vor der Staatsgründung Israels. Aus dem Amerikanischen von Doris Gerstner. Berlin 2005, S. 362, Fn.

26 Pamphlet der »Arabischen Studenten Jerusalems« [1929]. Zit. n. Michael Kiefer: Antisemitismus in den islamischen Gesellschaften. Der Palästina-Konflikt und der Transfer des Feindbildes. Düsseldorf 2002, S. 70.

Solche Veröffentlichungen zeigen den Einfluss des europäischen modernen Antisemitismus auf die Judenfeindschaft innerhalb der arabischen Bevölkerung. Die Gewalt richtete sich 1929 dementsprechend nicht nur gegen neuere zionistische Siedlungen. In Hebron und Safed waren vor allem orthodoxe Jüdinnen und Juden, deren Gemeinschaften lange vor der zionistischen Besiedlung bestanden hatten, Ziel der Angriffe, die unter Parolen wie »Schlachtet die Juden!« geführt wurden.[27]

Für die jüdischen Mitglieder der PKP war der Gewaltausbruch ein Schock, denn sie waren unmittelbar bedroht. Zu Hilfe kam ihnen die 1920 gegründete Hagana, wie Stephan Grigat in *Die Einsamkeit Israels* schreibt:

> »Nachdem die KP-Führung samt Smeral aus Beit-Safafa bei Jerusalem von der Hagana hatte evakuiert werden müssen, um nicht den arabischen Pogromisten zum Opfer zu fallen, verabschiedete die Parteiführung am 23. August einen Aufruf an alle Parteimitglieder, sich an den Verteidigungsbemühungen der Hagana zu beteiligen. Der Komintern-Gesandte Smeral unterstützte die Entscheidung.«[28]

Von den Gefahren für »jüdische Arbeiter« konnte man sogar in Deutschland lesen. Albert Norden, zu dieser Zeit zuständig für das Thema Naher Osten, berichtete in der *Roten Fahne*: »In Bethlehem haben in der Kommunistischen Partei organisierte arabische Arbeiter vier jüdische Arbeiter vor Überfällen gerettet. Wir haben zahlreiche Nachrichten über ähnliche Vorfälle erhalten, die alle den bedeutenden Einfluß illustrieren, den die KP Palästinas auf die Ereignisse zu nehmen beginnt.«[29] Allerdings änderten solche Schilderungen nichts an der proarabischen Position. Nordens Beitrag trug die Überschrift *Palästinas Befreiungskampf*. In der *Inprekorr* gab Joseph Berger 1929 hingegen eine drastische Schilderung der Gewalt. Unter der Überschrift *Das Blutbad im »Heiligen Lande«* schrieb er, aufgehetzte

27 Kiefer: Antisemitismus in den islamischen Gesellschaften, S. 68.

28 Stephan Grigat: Die Einsamkeit Israels. Zionismus, die israelische Linke und die iranische Bedrohung. Hamburg 2014, S. 68 f.

29 Palästinas Befreiungskampf. In: Die Rote Fahne, Nr. 172, 6. September 1929.

und fanatisierte »Massen mohammedanischer Bauern« hätten »sengend und mordend vor allem die unbewehrten armen jüdischen Siedlungen«, Synagogen und Schulen, angegriffen und »furchtbare Blutbäder« angerichtet. »In der Talmudschule von Hebron wurden 60 jüdische Schüler – auch Kinder – getötet und verstümmelt. In der Kolonie Moza wurde eine jüdische Familie samt Frau und Kind abgeschlachtet.«[30]

Doch die KPD bewertete, wie die Komintern, die Ereignisse völlig anders. Für sie war die Gewalt der Beginn einer »arabischen Aufstandsbewegung«, die sie nur begrüßte. In der *Roten Fahne* hieß es unter der begeisterten Überschrift *Der Araberaufstand wächst!*:

> »Besonders charakteristisch für die Entwicklung dieser Bewegung ist, daß die Angriffe der Araber nicht auf die jüdische Bevölkerung beschränkt bleiben, sondern sich gegen ihren Hauptfeind, den englischen Imperialismus, zu richten beginnen. [...] Die Entwicklung der arabischen Aufstandsbewegung, die noch zum großen Teil unter dem Einfluß der Effendis (Großgrundbesitzer) steht, hat, wie die letzten Meldungen zeigen, an Umfang zugenommen und richtet sich, wie die Ueberfälle auf *Regierungsgebäude* und *Polizeistationen* sowie *englische Truppen* beweisen, folgerichtig gegen die Hintermänner des Zionismus in Palästina, *die englischen Imperialisten.* Sie birgt in sich die Möglichkeit der Entfachung der *gesamtarabischen Aufstandsbewegung gegen die englischen imperialistischen Unterdrücker.* Die Schläge, die die arabischen Eingeborenen gegen die *zionistische Bourgeoisie* und den *zionistischen Faschismus* in Palästina führen, sind gleichzeitig Schläge gegen *England*.«[31]

Das jüdische Proletariat solle »Schulter an Schulter mit den arabischen Werktätigen« den Kampf gegen den »gemeinsamen Klassenfeind, den *englischen Imperialismus* und die mit ihm auf Leben und Tod verbundene *jüdische Bourgeoisie*« führen. Ob-

30 Das Blutbad im »Heiligen Lande«. In: Inprekorr, Nr. 86/1929.
31 Der Araberaufstand wächst! In: Die Rote Fahne, Nr. 164, 28. August 1929.

wohl der Aufstand »noch zum großen Teil« von den »Effendis« bestimmt werde, solle er als Auftakt zu einer revolutionären Erhebung betrachtet werden. Auf der einen Seite stünden »die Araber«, auf der anderen *»jüdische Bourgeoisie«* und *»zionistischer Faschismus«*. Dieses Bild von den Konflikten im Nahen Osten wurde durch das illustrierende Foto noch unterstützt. (Abb. 4) Bemerkenswert ist zudem die Rede von den »arabischen Eingeborenen«. Sie war zwar positiv gemeint; mit ihr sollte betont werden, dass der arabischen Bevölkerung das Land gewissermaßen von Natur aus gehöre. Aber die Bezeichnung offenbarte auch eine implizite rassistische Unterscheidung. Denn von deutschen »Eingeborenen« schrieb die *Rote Fahne* zu keiner Zeit.

Bei einer ZK-Sitzung im Oktober 1929 schwor Hermann Remmele seine Partei noch einmal auf die grundsätzliche Po-

Der Araberaufstand wächst!

Jerusalem, 27. August. Die Kämpfe in Palästina haben in den letzten 24 Stunden an Schärfe zugenommen. Besonders charakteristisch für die Entwicklung dieser Bewegung ist, daß die Angriffe der Araber nicht auf die jüdische Bevölkerung beschränkt bleiben, sondern sich gegen ihren Hauptfeind, den englischen Imperialismus, zu richten beginnen. In Nablus wurde von den Arabern eine Polizeiwache gestürmt, in Jaffa griffen die arabischen Aufständischen ein Regierungsgebäude an. Ferner wurde ein Eisenbahnzug, der englische Truppen nach Haifa beförderte, zum Stehen gebracht. Eine Anzahl englischer Truppen sollen im Verlaufe der Kämpfe entwaffnet worden sein.

Von allergrößter Bedeutung ist die Tatsache, daß die Aufstandsbewegung nicht auf Palästina beschränkt bleibt, sondern bereits nach Syrien übergreift und damit einen der wichtigsten Stützpunkte des englischen Imperialismus im Nahen Osten bedroht. Dementsprechend hat auch die Macdonald-Regierung, getreu den Drohungen des Palästinakenners Kennworthy, daß die Labour-Regierung eine Politik der starken Hand gegenüber den Arabern in Palästina führen wird, neue Kriegsschiffe, Bombenflugzeuge und Truppen nach Palästina befördert. Die beiden Großkampfschiffe „Royal Sovereign“ und „Queen Elizabeth“ sowie die vierte Torpedobootsflottille, bestehend aus acht Torpedobootzerstörern, haben Anweisung erhalten, sich zum Auslaufen aus Malta bereitzuhalten.

Die Aktivität der zionistischen Faschisten in Palästina wird von der englischen Regierung mit Hochdruck gefördert. Die offen faschistische Organisation **„Jüdische Legion“** ist wieder errichtet worden und wird bewaffnet.

Infolge der ziemlich strengen Zensur, die von der anglo-palästinischen Regierung verhängt worden ist, sind genaue Zahlen über die bisherigen Toten und Verwundeten noch nicht bekannt. Die Schätzungen gehen bis zu **600 Toten und Verwundeten.**

Die Kämpfe in Palästina werden von den Zionisten in einer Reihe von Ländern mit **nationalistischen Demonstrationen** beantwortet. Es ist charakteristisch, daß der stärkste Widerhall in Amerika zu finden ist, wo die jüdischen Finanzmagnaten, die Geldgeber der zionistischen Bewegung, die gleichzeitig viele Millionen Dollars in Palästina angelegt haben, von der Regierung schärfstes Eingreifen gegen die arabischen „Rebellen“ fordern. Auf ihren Druck hat die **amerikanische Regierung** durch ihren Botschafter in London, General Dawes, an die Labour-Regierung die Forderung stellen lassen, **energische Maßnahmen in Palästina gegen die Araber zu ergreifen (!).**

Die Entwicklung der **arabischen** Aufstandsbewegung, die **noch zum großen Teil unter dem Einfluß der Effendis** (Großgrundbesitzer) steht, hat, wie die letzten Meldungen zeigen, an Umfang zugenommen und richtet sich, wie die Ueberfälle auf **Regierungsgebäude** und **Polizeistationen** sowie **englische Truppen** beweisen, folgerichtig gegen die Hintermänner des Zionismus in Palästina, **die englischen Imperialisten.** Sie birgt in sich die Möglichkeiten der Entfachung der **gesamtarabischen Aufstandsbewegung gegen die englischen imperialistischen Unterdrücker.** Die Schläge, die die arabischen Eingeborenen gegen die **zionistische Bourgeoisie** und den **zionistischen Faschismus** in Palästina führen, sind gleichzeitig Schläge gegen **England.**

Das jüdische Proletariat Palästinas muß Schulter an Schulter mit den arabischen Werktätigen den Kampf gegen ihre gemeinsamen Klassenfeind, den **englischen Imperilismus** und die mit ihm auf Leben und Tod verbundene **jüdische Bourgeoisie führen,**

Stahlhelmlümmel?
Nein, ein Mitglied der jüdisch-faschistischen Legion in Jerusalem

Abb. 4 »Stahlhelmlümmel? Nein, ein Mitglied der jüdisch-faschistischen Legion in Jerusalem«.

sition ein. An seinen Ausführungen war, wie der Historiker Mario Keßler schreibt, »nahezu jedes Wort falsch«. So bezeichnete Remmele die Mitglieder der PKP als »Zionisten«, was sie gerade nicht waren, denn ihr Ziel war kein jüdischer Staat. »Unsere Partei«, führte er aus, habe »in Palästina 160 Mitglieder, davon 30 Araber, die anderen 130 Zionisten«. Deswegen sei es ganz klar, dass die PKP »nicht eine solche Einstellung haben kann, wie sie dem Gesetz der Revolution entspricht. Gerade das unterdrückte Volk, jene Schicht des Volkes, die das revolutionäre Element, den Verhältnissen entsprechend, überhaupt ausmachen kann, sind nur die Araber.«[32]

In *Der Untergang des Judentums* kam Otto Heller 1931 erneut auf die Gewalt in Palästina 1929 zu sprechen. Er versuchte, seine eigene Sicht mit der der Partei zu vereinen, und bezeichnete die Ereignisse in Palästina sowohl als einen »blutigen Araberaufstand« als auch als »große Judenpogroms«. Ganz im Einklang mit der Parteilinie sah er die Hauptverantwortung bei der imperialistischen Mandatsmacht Großbritannien:

> »Im August dieses Jahres [1929] kam es zum blutigen Araberaufstand, zu großen Judenpogroms, der ersten Frucht der britischen imperialistischen Politik, die sich des Zionismus bedient, um mit seiner Hilfe jene blutigen Konflikte in Palästina, dem nördlichen Brückenkopf des Suezkanals Englands, zu schaffen, die für eine militärische Okkupation dieses Gebiets die notwendigen Vorwände bieten.«[33]

Schon das Wort »Judenpogroms« war dem Zentralorgan der KPD jedoch zu viel. In seiner Rezension für die *Rote Fahne* lobte Norden zwar Hellers Buch und empfahl es grundsätzlich zur Lektüre. Doch von »großen Judenpogroms« dürfe man nicht reden. Norden kritisierte, Heller sei »zur *falschen Einschätzung des Araber-Aufstandes* vom Herbst 1929« gelangt, »den er als

32 Hermann Remmele: Referat auf der ZK-Sitzung vom 24./25. Oktober 1929. Zit. n. Mario Keßler: Die Komintern und die jüdische Frage. In: Ders.: Antisemitismus, Zionismus und Sozialismus. Arbeiterbewegung und jüdische Frage im 20. Jahrhundert. Mainz 1994, S. 40–65, hier: S. 60.

33 Heller: Der Untergang des Judentums, S. 163.

›großen Judenpogrom‹ qualifiziert, während es sich in Wirklichkeit um eine Revolte der durch die Zionisten vom Boden vertriebenen und von jeder Lebensmöglichkeit abgeschnittenen Fellachen gegen den britischen Imperialismus und seine zionistischen Adjutanten handelt«.[34]

Heller fügte sich. In der zweiten Auflage, die 1933 erschien, korrigierte er seine Einschätzung und erklärte im Vorwort: »Die irrige Kennzeichnung des Araberaufstandes von 1929 als Pogrom wurde ebenso ausgemerzt, wie die zu mechanische Bewertung der ›kollektiven‹ Siedlungen in Palästina.«[35]

Die Palestiniše Komunistiše Partej und die KPD-Opposition

Ab 1930 fand sich in der *Roten Fahne* kein Beitrag mehr über Palästina. Doch die KPD änderte, wie die ZK-Erklärung *Kommunismus und Judenfrage* von 1932 zeigte, ihre Position nicht. Erst ab 1938, in der Illegalität und unter dem Eindruck des Novemberpogroms der NSDAP, begannen Teile der KPD, die Probleme des Antizionismus zu erkennen, schreibt Martin W. Kloke in *Israel und die deutsche Linke*. So wies Walter Ulbricht in der kommunistischen *Rundschau* darauf hin, dass die Nationalsozialisten »gegen die Juden in Palästina« hetzten, um den »faschistischen Einfluß unter den Arabern zu verstärken«.[36] 1929, nach den pogromartigen Ausschreitungen, hatte die Komintern die PKP hingegen aufgefordert, sie solle sich »arabisieren«, aus den gleichen Gründen, die Remmele vor dem ZK ausgeführt hatte. Das war keine neue Forderung. Mitte der 1920er Jahre hatte die Komintern schon darauf gedrängt, dass die dortige Partei mehr arabische Mitglieder brauche. Obwohl die PKP versprach, der Aufforderung Folge zu leisten, blieb die Partei von ihren jüdischen Mitgliedern dominiert. Einer von ihnen, Leopold Trepper, erinnerte sich in seiner Autobiografie Anfang der 1970er Jahre, dass die Parole der »Arabisierung«

34 »Der Untergang des Judentums«. Otto Hellers Buch (Verlag für Literatur und Politik). In: Die Rote Fahne, Nr. 30, 6. Februar 1932.

35 Heller: Der Untergang des Judentums, S. 11.

36 Walter Ulbricht. Rundschau. 24. November 1938. Zit. n. Kloke: Israel und die deutsche Linke, S. 28.

unter den jüdischen Mitgliedern zunächst auf Widerstand stieß. Denn diese Forderung ging mit dem Glauben einher, es würde ausreichen, »in den verantwortlichen Organen einfach die Juden durch Araber zu ersetzen, um automatisch stärkeren Zulauf von Moslems zu haben! [...] Bei dem Versuch, die Weisungen von oben buchstabengetreu zu befolgen, wurde einer unserer Kameraden in der Nähe von Haifa gelyncht.«[37]

Die Komintern ernannte 1930 ein neues Zentralkomitee, nun mit einer arabischen Mehrheit.[38] Um ihre Politik abzusichern, bestellte sie viele der ehemals führenden jüdischen Mitglieder nach Moskau. Damit verschob sich, so der Historiker Alexander Flores, auch die politische Ausrichtung der PKP. Die Partei sah »ihr Betätigungsfeld weniger unter jüdischen oder arabischen Arbeitern als vielmehr unter den arabischen Bauern. Sie betonte nicht mehr den sozialen Charakter des Kampfs, sondern verstand sich als treibenden Faktor der *nationalen* Auseinandersetzung in Palästina.«[39] Von den jüdischen Mitgliedern der PKP, die nach Moskau gekommen waren, wurden die meisten während der »Säuberungen« von 1936 bis 1938 verhaftet und ermordet. Trepper erinnerte sich:

> »Mit Ausnahme von List und Knossow, die nicht in die UdSSR reisten, wurden sämtliche Mitglieder des Zentralkomitees der palästinensischen Partei liquidiert – nein, einer hat überlebt, ein einziger: Joseph Berger (Barsilai), nach zwanzigjähriger Odyssee im Gulag. Von den insgesamt zwei- bis dreihundert Mitgliedern der Parteikader sind höchstens zwanzig davongekommen.«[40]

Kritik an der antizionistischen Position gab es 1929 auch von Kommunistinnen und Kommunisten in Deutschland. Mit der Unterstützung der arabischen »nationalen Befreiung«, hieß es

37 Leopold Trepper: Die Wahrheit. Autobiographie. Aus dem Französischen übersetzt von Emmi Heimann u.a. München 1975, S. 33 f.

38 Siehe Der VII. Parteitag der Kommunistischen Partei Palästinas. In: Inprekorr, Nr. 2, 1931.

39 Flores: Nationalismus und Sozialismus, S. 273.

40 Trepper: Die Wahrheit, S. 65.

im Organ der KPD-Opposition, verabschiede sich die KPD vom Klassenkampf. Statt gesellschaftlicher Klassen würden sich laut der *Roten Fahne* ethnische Kollektive gegenüberstehen. Die *Rote Fahne* lasse, schrieb L.K., »*jedes Eingehen auf die sozialen Momente* und Hintergründe des Palästinakonflikts *völlig vermissen*. Ohne den Versuch einer marxistischen Untersuchung des *Klassencharakters* auch dieses Kleinkrieges spricht die ›Rote Fahne‹ unterschiedslos von *den* Juden, die sie natürlich alle als zionistische Faschisten bezeichnet und die sie *den* Arabern, die natürlich alle ›Revolutionäre‹ sind, entgegenstellt.«[41]

Dieser Beitrag blieb einer von wenigen in der Zeitung der KPD-O, die sich mit Palästina beschäftigten. Häufiger ging *Gegen den Strom* auf die Situation in China oder in Indien ein und propagierte in diesem Zusammenhang ganz im Einklang mit der Mutterpartei die »Nationalrevolution«.[42] Im August 1929 berichtete die KPD-O-Zeitung über den *Kongreß der antiimperialistischen Liga*. Deren leitender Sekretär war Willi Münzenberg, der für die KPD im Reichstag saß. Aus diesem Anlass unterstrich die KPD-O, dass sie grundsätzlich die »Losung des Selbstbestimmungsrechts« befürworte. Den Kongress der Liga gegen Imperialismus und für nationale Unabhängigkeit kritisierte ihr Organ *Gegen den Strom* trotzdem, denn dort habe sich gezeigt, dass die Liga »nur eine Einheitsfrontkomödie der Führer und eine Bedrohung des wirklichen Einheitsfrontgedankens für den antiimperialistischen Kampf« sei.[43]

Ganz anders L.K.[44] Anfang September 1929 in dem Artikel *Zu den Ereignissen in Palästina*. Darin forderte K., eine marxistische Kritik habe vor jeder Parteinahme die »innerimperia-

41 Zu den Ereignissen in Palästina. In: Gegen den Strom, Nr. 36, 7. September 1929.

42 Für die Freiheit des indischen Volkes. Manifest der internationalen Kommunistischen Opposition. In: Gegen den Strom, Nr. 21, 17. Mai 1930; siehe Aus der Geschichte des antiimperialistischen Bewegung in China. In: Gegen den Strom, Nr. 4, 13. Februar 1932.

43 Der Kongreß der antiimperialistischen Liga. In: Gegen den Strom, Nr. 31, 3. August 1929.

44 Da im Impressum von *Gegen den Strom* nur die Hauptverantwortlichen genannt wurden und viele Beiträge anonym erschienen, lassen sich über L.K.s Identität nur Vermutungen anstellen. Es könnte der Berliner Arzt Leo Klauber gewesen sein, der in der Roten Hilfe aktiv war und im April 1929 ei-

listischen Rivalitäten« zu analysieren, die wie überall auf der Welt auch die Konflikte in Palästina verursachten oder beförderten. Es müsse zunächst untersucht werden, wie »der jüngere *nordamerikanische Imperialismus* gegen seinen älteren Bruder« Großbritannien vorgehe. Andere westliche Staaten wie Italien und Frankreich spielten, so K., im Nahen und Mittleren Osten ebenfalls ihr imperialistisches Spiel. Vor allem seien innerhalb der jüdischen und der arabischen Minderheit die Klassenunterschiede zu berücksichtigen: »Wie überall und immer ist es auch hier die besitzlose Masse, auf deren Rücken die Kämpfe und Spiele der Mächtigen ausgetragen werden. [...] Im näheren Hintergrunde stehen die größeren Figuren des Schachbretts, jüdische *Spekulanten* und arabische *Effendis*.«[45] Obwohl L.K. in dem Beitrag die Landkäufe durch zionistische Organisationen kritisierte, erklärte K. zugleich: »Verkehrt wäre es auch, von den Engländern ein Einwanderungsverbot für Juden nach Palästina zu fordern oder die dahinzielenden Forderungen der Scheichs zu unterstützen«. K. erinnerte zudem an die Situation der »jüdischen Genossen« in der PKP. Diese würden sich wundern, von der KPD »als *freche jüdische Eindringlinge*« dargestellt zu werden.

Im Lauf der 1930er revidierte Trotzki seine Position zum Zionismus, und zwar unter dem Eindruck der Konflikte »zwischen den Juden und Arabern in Palästina«, wie er in einem Interview in Mexiko sagte.[46] Emma Goldman drückte 1938 in einem Brief an die Zeitschrift *Spain and the World* ihre Verwunderung darüber aus, dass einer ihrer Autoren es für eine Tatsache hielt, dass Palästina der arabischen Bevölkerung ›gehören‹ würde und Jüdinnen und Juden dort »nichts verloren« hätten. Sie selbst, schrieb Goldman, sei stets der Ansicht gewesen, ein Land gehöre allenfalls denen, die es bestellen und auf ihm arbeiten.

nen offenen Brief der Berliner KPD-O an die KPD mitunterzeichnete. Siehe Zum 1. Mai. In: Gegen den Strom, Nr. 16, 20. April 1929.

45 Zu den Ereignissen in Palästina. In: Gegen den Strom, Nr. 36, 7. September 1929.

46 Leo Trotzki: Interview mit jüdischen Journalisten in Mexiko (18. Januar 1937). In: Keßler: Leo Trotzki oder Sozialismus, S. 142–144, hier: S. 142.

> »With all of his deep-seated sympathies with the Arabs, our comrade cannot possibly deny that the Jews in Palestine have tilled the soil. […] They have reclaimed wastelands and have turned them into fertile fields and blooming gardens. Now I do not say that therefore Jews are entitled to have more rights than the Arabs, but for an ardent socialist to say that the Jews have no business in Palestine seems to me rather a strange kind of socialism.«[47]

Diese Position vertrat L.K. schon 1929. In *Gegen den Strom* erklärte K.:

> »Der Boden Palästinas, die Verkehrswege, Pflanzungen und Wohnungen gehören weder den Effendis noch den jüdischen Aktionären, sondern denen, die den Acker selbst bebaut, die Meliorationen selbst hergerichtet haben; die Waffen gehören in die Hand der Arbeiter und Kleinbauern, aber nicht in die Hand der Söldner, Faschisten und Räuberscheichs.«[48]

Schließlich verknüpfte K. die Kritik des Antizionismus der KPD mit Hinweisen auf eine antisemitische Stimmung in Thälmanns Führungszirkel: Die Liga gegen Imperialismus und für nationale Unabhängigkeit vertrete eine vernünftigere Position zu den Konflikten in Palästina als die KPD, denn die Liga fordere eine geeinte Politik für »die arabischen und jüdischen Arbeiter«. Die Liga verfüge anscheinend »über einen etwas sachverständigeren Berater« als die Redaktion der *Roten Fahne*, die sich an den »plump-antijüdischen Parolen Thälmanns« orientiere. K. erinnerte in diesem Zusammenhang daran, dass Josef Eisenberger »seine engeren Parteigenossen« als »freche Judenbengels« bezeichnet hatte, und bezog sich dabei auf den offenen Brief Rosa Aschenbrenners, der kurz zuvor in *Gegen den Strom* abgedruckt worden war. K.s Beitrag war

47 Emma Goldman: On Zionism. Brief an *Spain and the World*, 26. August 1938.

48 Zu den Ereignissen in Palästina. In: Gegen den Strom, Nr. 36, 7. September 1929.

auch für *Gegen den Strom* ungewöhnlich. Nicht nur, weil sich die KPD-O mit der Situation in Palästina kaum beschäftigt zu haben scheint, sondern auch, weil sie eigentlich, ihrer marxistisch-leninistischen Tradition gemäß, den Zionismus grundsätzlich ablehnte. In ihrer Studie zur KPD-O zitiert die Historikerin Alyn Beßmann aus einem Artikel, der 1929 in mehreren Zeitungen der KPD-O erschien und der, anders als L.K., zu dem Schluss kam: »Der Kommunismus begrüßt die arabischen Aufständischen. Ihr Kampf ist unser Kampf.«[49]

Das »rote Gegenpalästina« in der Sowjetunion

Die Ablehnung des Zionismus war auch vor dem Hintergrund erstaunlich, dass zwischen dem Grundgedanken des politischen Zionismus – einen eigenen Staat mit einer eigenen Nationalökonomie aufzubauen – und den Prinzipien, auf denen das Birobidjan-Projekt beruhte, eine auffällige Gemeinsamkeit bestand. So stellte Otto Heller in *Der Untergang des Judentums* fest: »Der offizielle Kernpunkt des zionistischen Programms, die Rückkehr nach Palästina und die Schaffung einer öffentlich-rechtlichen Heimstätte für das jüdische Volk in Palästina, ist mit dem an sich richtigen Gedanken der Rückkehr zur Urproduktion, vor allem zur Landwirtschaft verbunden.«[50] Entsprechend bezeichnete er Birobidjan auch als das »rote Gegenpalästina«.[51]

Die bedeutsamen Unterschiede zwischen Birobidjan und Palästina sollten zum einen darin liegen, dass Birobidjan zur Sowjetunion gehörte und damit Teil des sozialistischen Aufbauprojekts war. Zum anderen behauptete Heller, Birobidjan sei unbewohnt. In Birobidjan gebe es »kein Araberproblem! Das Land ist leer«, schrieb er.[52] Das stimmte nicht ganz. In den dortigen Steppen lebten Kosakinnen und Kosaken. Über sie stellte Heller fest, dass sie der »sozialistischen Agrarpolitik«

49 Der Zionismus in Palästina. In: Arbeiterpresse, 6. September 1929. Zit. n. Beßmann: Verhältnis der Kommunistischen Partei Opposition, S. 88.

50 Heller: Untergang des Judentums, S. 157.

51 Ebd., S. 336.

52 Ebd., S. 372.

feindlich gegenüberstünden und die »jüdischen Kolonisten« deshalb »wenig freundlich« betrachteten.[53] Im Vergleich mit Palästina war Birobidjan sogar ein reines Siedlungsprojekt. Denn während es im Nahen Osten schon immer eine jüdische Bevölkerung gegeben hat, zogen Jüdinnen und Juden erst nach der Ausrufung zum Jüdisch-Autonomen Gebiet 1928 in größerer Zahl in das Gebiet Birobidjan.

Auch in der Wirkung, die die Aufbau- und Pionierarbeit auf die Menschen haben sollte, ähnelten sich die Schilderungen, die einerseits Heller aus Birobidjan und andererseits begeisterte Zionistinnen und Zionisten aus Palästina gaben. In Birobidjan, so Heller, leisteten Jüdinnen und Juden »werktätige, d.h. gesellschaftlich notwendige Arbeit« und lebten »nicht von der Ausbeutung fremder Arbeitskraft«.[54] Wie bei einem Wechsel des Lebenswandels üblich, zeigte sich die Veränderung auch körperlich. Im Fall der Jüdinnen und Juden führte sie nach Hellers Auffassung allerdings dazu, »unjüdisch« zu werden. Erstaunt stellte er über einen Jungen fest: »Auch der Junge ist schön, unjüdisch (nach unseren Begriffen).«[55]

Dass Heller einem Buch, das so euphorisch über neue jüdische Siedlungen in der UdSSR berichtete, den Titel *Der Untergang des Judentums* gegeben hatte, stieß auf Kritik. In der *Zeitschrift für Sozialforschung* schrieb Erich Fromm, der Titel sei missverständlich, denn als nationale Minderheit sollten Jüdinnen und Juden in der Sowjetunion gerade weiterbestehen, indem sie, wie Fromm zitierte, »Arbeiter und Bauern« würden und »von Lohnarbeit« leben.[56] In der zweiten Auflage stellte Heller klar, dass er nicht den »Untergang der Juden schlechthin« gemeint habe, sondern nur den »Untergang des spezifischen sozialen Typs, des durch die Besonderheit der jüdischen Geschichte entstandenen jüdischen Händlers und aller, durch diesen besonderen Ablauf bedingten Begleiterscheinungen seiner Existenz«.[57]

53 Ebd., S. 364.
54 Ebd., S. 192 f.
55 Ebd., S. 327.
56 Fromm: Heller, Otto. Der Untergang des Judentums, S. 438.
57 Heller: Untergang des Judentums, S. 7.

Als Heller Birobidjan besuchte, steckte die Besiedlung noch in ihren Anfängen. Es fällt schwer, das Projekt aus dieser Zeit heraus zu bewerten. Im Rückblick, mit vielen Jahren Abstand, fiel die Kritik deutlich aus. Nathan Steinberger, ein ehemaliges Mitglied der KPD-Opposition, sagte in einem Interview Mitte der 1990er Jahre, Birobidjan sei ein »heimtückisches Projekt« Stalins gewesen, »im Grunde schon ein antisemitisches Projekt«.[58] Die Historikerin Birgit Schmidt bezeichnet Birobidjan als »wenig anderes als einen groß angelegten Deportationsversuch der jüdischen Sowjetbürger an die chinesische Grenze«.[59] In seiner Studie *Rotbuch: Stalin und die Juden* vermutet Arno Lustiger, die Stalinsche Verwaltung habe mit dem Birobidjan-Projekt drei Ziele verfolgt: Erstens sollte eine Grenzregion zu China und Japan gesichert werden. Zweitens war Birobidjan ein Zugeständnis an den Wunsch vieler Jüdinnen und Juden »nach einem ›eigenen‹ Territorium«. Drittens aber würde, wenn das Projekt nicht gelingen sollte, das Scheitern »endgültig als Argument dienen können, alle Kolonisationspläne – etwa für die Krim, die immer noch viele Anhänger in der *Geserd* hatte – zurückzuweisen«.[60]

Entscheidend war, wem es zur Last gelegt würde, wenn Birobidjan scheiterte: den Verantwortlichen in Moskau, der Beschaffenheit des Siedlungsgebiets oder den Jüdinnen und Juden. Für den russischen Soziologen Juri Larin, der 1929 eine Studie über Antisemitismus in der Sowjetunion veröffentlichte, war das Projekt von Anfang an zum Scheitern verurteilt. Denn das Gebiet, mit »seinem ewig gefrorenen Unterboden, seinen Sumpfgebieten, der Insektenplage«, seiner »kulturellen Abgeschiedenheit« und vielem anderen könne »kaum ein voll geeigneter Ort für ein solches Menschenmaterial sein, wie es Städter sind, die zum erstenmal zur Landwirtschaft überge-

58 Nathan Steinberger/Barbara Broggini: Berlin – Moskau – Kolyma und zurück. Ein Gespräch über Stalinismus und Antisemitismus. Berlin/Amsterdam 1996, S. 73.

59 Birgit Schmidt: Exil, Volksfront und die Juden. In: Brosch u.a.: Exklusive Solidarität. Linker Antisemitismus in Deutschland. Vom Idealismus zur Antiglobalisierungsbewegung. Berlin 2007, S. 141–154, hier: S. 141.

60 Lustiger: Rotbuch: Stalin und die Juden, S. 85.

hen«.[61] Insofern war die Auswahl des Gebiets kontraproduktiv, wenn das Siedlungsprojekt dem Zweck dienen sollte, den antisemitischen Vorstellungen von den ›unproduktiven Juden‹ positive Beispiele entgegenzusetzen. Wie Antje Kuchenbecker in ihrer Studie *Zionismus ohne Zion* schreibt, wurde der Misserfolg den jüdischen Siedlerinnen und Siedlern angelastet. Es meldeten sich »immer wieder Stimmen zu Wort, die nur zu gerne die Mißerfolge auf die ›Unproduktivierbarkeit‹ der jüdischen Bevölkerung schoben, die sich als unfähig erweise, harte körperliche Arbeit zu verrichten«.[62] Dafür gibt es sogar in Hellers Buch ein Beispiel. Als er von Schwierigkeiten beim Aufbau jüdischer Siedlungen berichtete, spekulierte er, ob sie mit der »jüdischen Neigung zu geistiger Betätigung« zu tun haben. Vielleicht, so Heller, offenbare sich hier »ein kleiner Rest jüdischer Ghettogelehrsamkeit«, die »Geringschätzung körperlicher Arbeit«.[63]

1937 wies Trotzki in einem Interview auf die staatlichen Rahmenbedingungen hin. Unter den Bolschewiki der ersten Stunde oder in einer »Sowjetdemokratie« hätte, so Trotzki, Birobidjan eine »ernsthafte national-kulturelle Rolle für die sowjetischen Juden spielen« können. Doch unter einem »bonapartistischen Regime, das antisemitische Tendenzen hegt, droht Birobidjan zu einer Art Sowjet-Ghetto zu degenerieren«.[64] Zu dieser Zeit sah Trotzki allerdings mit dem Nationalsozialismus und einem drohenden Weltkrieg bereits eine andere, viel größere Gefahr für Jüdinnen und Juden heraufziehen. Deswegen warnte er vor dem Glauben, die Sowjetunion könne all diese Probleme in einem nationalen Kontext lösen: »Die UdSSR allein wäre immer noch zu arm, um ihre eigene Judenfrage zu lösen, selbst unter einem viel sozialisti-

61 Zit. n. Weinberg: Birobidshan, S. 7.

62 Antje Kuchenbecker: Zionismus ohne Zion. Birobidžan: Idee und Geschichte eines jüdischen Staates in Sowjet-Fernost. Berlin 2000, S. 131.

63 Heller: Untergang des Judentums, S. 361.

64 Leo Trotzki: Interview avec un quotidien juif [1937]. Zit. n. Enzo Traverso: Leo Trotzki – Der Lebensweg eines nicht-jüdischen Juden. In: Theodor Bergmann/Gert Schäfer (Hg.): Leo Trotzki – Kritiker und Verteidiger der Sowjetgesellschaft. Beiträge zum internationalen Trotzki-Symposium, Wuppertal 26.–29. März 1990. Mainz 1993, S. 297–306, hier: S. 304.

scheren Regime als dem gegenwärtigen. Die jüdische Frage ist, ich wiederhole, unlösbar mit der vollständigen Emanzipation der Menschheit verbunden.«[65]

Motive des linken Antizionismus

Im Juli 1969 prägte der Schriftsteller Jean Améry die Formulierung, der Antisemitismus sei im Antizionismus der Neuen Linken enthalten »wie das Gewitter in der Wolke«, und Judenfeindschaft werde derzeit unter neuen Vorzeichen wieder »ehrbar«.[66] Fünf Monate später legte ein Mitglied der linksradikalen Gruppierung Tupamaros Westberlin / Schwarze Ratten im Gebäude der Westberliner Jüdischen Gemeinde einen Sprengsatz, dessen Zünder zum Glück nicht funktionierte. Seit Amérys Kritik wurde Antizionismus in der Neuen Linken mehr und mehr zu einem Thema. Der Sechstagekrieg 1967, schreibt Martin W. Kloke, habe in der westdeutschen Linken einen Umschwung ausgelöst. Während Konservative vom »Blitzkrieg« der israelischen Armee begeistert waren, habe die westdeutsche Linke innerhalb kurzer Zeit ihre Solidarität mit Israel aufgegeben und sich klar gegen den jüdischen Staat positioniert, den sie als »Brückenkopf des Imperialismus« im Nahen Osten bezeichnete. Dass der »in der westlichen Welt beispiellose Prozionismus der bundesdeutschen Linken« in wenigen Monaten in einen Antizionismus umschlug, sei möglich gewesen, so Kloke, weil beide Haltungen zum jüdischen Staat, pro- wie antiisraelische, »unterschiedliche Ausdrucksformen ein und derselben gescheiterten Flucht in eine politische Identität« seien, die scheinbar nicht mehr durch die Shoah belastet sei.[67]

Weit verbreitet ist der Erklärungsansatz, der Hass gegen den jüdischen Staat sei von Erinnerungs- und Schuldabwehr motiviert. Indem nichtjüdische Linke den Staat Israel mit Nazi-

65 Trotzki: Interview mit jüdischen Journalisten, S. 144.

66 Jean Améry: Der ehrbare Antisemitismus. In: Hermann L. Gremliza (Hg.): Hat Israel noch eine Chance? Palästina in der neuen Weltordnung. Hamburg 2001, S. 7–12, hier: S. 7.

67 Kloke: Israel und die deutsche Linke, S. 186.

deutschland gleichsetzten, entlasteten sie sich von möglichen Schuldgefühlen, die das Menschheitsverbrechen bei Nachkommen von Täterinnen und Tätern auslösen könne. Dafür spricht das Bekennerschreiben der Tupamaros Westberlin, die 1969 erklärten, aus den »Juden«, die den Nationalsozialismus überlebt hatten, seien nun selbst »Faschisten« geworden, die im Nahen Osten »die Kristallnacht von 1938 heute täglich« wiederholten und »das palästinensische Volk ausradieren wollen«.[68] Ingrid Strobl, ehemaliges Mitglied der Revolutionären Zellen/Rote Zora, schrieb Anfang der 1990er Jahre im Rückblick auf ihr eigenes politisches Umfeld: »Wie unbewußt auch immer, durch die israelische Politik gegen die Palästinenser fühlten sich viele deutsche Linke befreit von jeder Verantwortung, der sie sich als Nachkommen womöglich stellen mußten.«[69]

Dieser Erklärungsansatz lässt sich durch zahllose Verlautbarungen der deutschen Linken seit 1968 belegen. Allerdings beschreibt er nicht das einzige Motiv für den linken Antizionismus. Denn dessen Wurzeln reichen weiter zurück. Nach 1967 konnte die Neue Linke an Vorstellungen anknüpfen, die lange vor dem Zweiten Weltkrieg bestanden. So bestand die Vorstellung, »der Zionismus« sei der »Kettenhund« des Imperialismus im Nahen Osten, bereits Mitte der 1920er Jahre. Wenn über 70 Jahre später in der Zeitung der Marxistisch-Leninistischen Partei Deutschlands, die ebenfalls den Namen *Rote Fahne* trägt, Israel »als Kettenhund der USA zur Niederhaltung der arabischen Völker in dieser erdölreichen Region« bezeichnet wird, sind die Gemeinsamkeiten unübersehbar.[70] Sogar die Gleichsetzung von Nationalsozialismus und Zionismus wurde be-

68 Schwarze Ratten TW: Schalom und Napalm. 13. November 1969. Zit. n. Wolfgang Kraushaar: Die Bombe im Jüdischen Gemeindehaus. Hamburg 2005, S. 48.

69 Ingrid Strobl: Das unbegriffene Erbe. Bemerkungen zum Antisemitismus in der Linken [1994]. In: Dies.: Das Feld des Vergessens. Jüdischer Widerstand und die deutsche »Vergangenheitsbewältigung«. Berlin/Amsterdam ²1995, S. 102–118, hier: S. 110.

70 Anna Bartholomé: Jeder Kritiker Israels, ein Antisemit? In: Rote Fahne, Nr. 18, April 2002. Zit. n. Claudia Globisch: Radikaler Antisemitismus. Inklusions- und Exklusionssemantiken von links und rechts in Deutschland. Wiesbaden 2013, S. 262.

reits Ende der 1920er Jahre vorgenommen. Dabei machte die KPD nicht nur keinen Unterschied zwischen rechten und linken Strömungen innerhalb des Zionismus. Sie unterschied überdies, wie die Rede von Hermann Remmele zeigte und wie L.K.s Kritik verdeutlichte, kaum noch zwischen Zionismus und den Jüdinnen und Juden, die sich, wie die Mitglieder der PKP, gegen den Zionismus engagierten oder die, unabhängig von politischen Fragen, in Palästina leben wollten.

Momentaufnahmen aus der letzten Phase der Weimarer Republik

Ein Traum ist ein Werk der Imagination, der Vorstellungskraft, keine prophetische Erkenntnis. Selbstverständlich ist das, was Manès Sperber Anfang der 1930er Jahre in mehreren Nächten im Schlaf heimsuchte, nicht passiert. Doch für ihn barg dieser Alptraum eine dunkle Vorahnung:

> »Der Traum hatte mich in die Sowjetunion versetzt, in eine Stadt, die größer war als Zablotow, aber keine Großstadt. Ich sah junge Menschen durch die Straßen laufen, etwas Furchtbares wurde vorbereitet oder geschah bereits: ein Pogrom. Eine Frau rief mir ungeduldig zu, ich sollte ihr folgen, weglaufen, sonst würde es zu spät sein. Ich wies auf eine Gruppe Komsomolzen (junger Kommunisten) hin und sagte, es bestünde keine Gefahr, denn die würden ja sofort eingreifen. Die Frau riß sich den türkischen Schal vom Kopf und schrie mir böse ins Gesicht: ›Komm, Verrückter! Die Komsomolzen machen ja den Pogrom, die Komsomolzen!‹«[1]

In dem Alptraum überlagern sich Bilder der Vergangenheit mit Bildern der Gegenwart, von Pogromen im Zarenreich oder während des russischen Bürgerkriegs um 1920 mit Bildern der antisemitischen Gewalt, die in Deutschland Anfang der 1930er Jahre von den Mitgliedern der NSDAP ausging. Doch für Sperber, Mitglied der KPD seit 1927, symbolisierte dieser Traum noch eine weitere Befürchtung. Seit dieser Zeit, schreibt er in seiner Autobiografie, habe ihn die »unabweisbare Ahnung« beschlichen, dass »die Judenfrage auch in der Sowjetunion vielleicht nicht gelöst und der Judenhaß nicht besiegt« worden

1 Manès Sperber: Die vergebliche Warnung. All das Vergangene… Frankfurt am Main 1983, S. 178 f.

sei. Im Sommer 1931 war er nach Russland gereist, um dort einem Psychologiekongress beizuwohnen. In seinen Lebenserinnerungen beschreibt sich Sperber, der als Jugendlicher in der linken zionistischen Haschomer Hazair aktiv war, als einen selbstbewussten Juden. Er habe nie erwogen, sein Judentum zu verleugnen, »solange noch irgendwo auf dem Erdrund Juden wegen ihres Glaubens verfolgt, wegen ihrer Abstammung diskriminiert werden«.[2]

Seit 1927 hatte der *Vorwärts* wiederholt über Antisemitismus in der Sowjetunion berichtet.[3] Die *Rote Fahne* wies solche Berichterstattung als verleumderisch zurück.[4] Der Judenhass in Deutschland, der Anfang der 1930er Jahre das offensichtliche, akute Problem war, stellte alles andere in den Schatten. Im Oktober 1930 verübten, wie *Gegen den Strom* es meldete, Nazis das »erste Pogrom« in Berlin.[5] Die Faszination, die der Faschismus ausübte, mit seiner Gewalt, seiner Inszenierung, den »Massen zu ihrem Ausdruck (beileibe nicht zu ihrem Recht)« zu verhelfen – wie es Walter Benjamin ausdrückte –, war schwer zu begreifen.[6] Eine unheimliche Bedrohung. Während die kommunistische Presse regelmäßig über Angriffe von Nazis auf Arbeiterinnen und Arbeiter berichten musste, wechselte zum Beispiel das prominente NSDAP-Mitglied Richard Scheringer mit seiner SA-Einheit zur KPD. Zur gleichen Zeit liefen Mitglieder der Arbeiterparteien zur NSDAP über. Sperber diskutierte nach eigener Aussage Anfang der 1930er Jahre »noch ohne gegenseitige Feindseligkeit« mit jungen Nazis.[7] Wie verwirrend die Zeiten waren, kann auch der po-

2 Ebd., S. 33.

3 Siehe Dietrich: Im Schatten August Bebels, S. 197.

4 Siehe »Kann man sich etwas Beschämenderes vorstellen?« Stampfers neuester Schlager: »Sowjetischer Antisemitismus«. In: Die Rote Fahne, Nr. 3, 4. Januar 1928.

5 Es geht los! Der erste Pogrom in Berlin. In: Gegen den Strom, Nr. 42, 18. Oktober 1930.

6 Walter Benjamin: Das Kunstwerk im Zeitalter seiner technischen Reproduzierbarkeit [1936]. In: Ders.: Das Kunstwerk im Zeitalter seiner technischen Reproduzierbarkeit. Drei Studien zur Kunstsoziologie. Frankfurt am Main 1963, S. 7–44, hier: S. 42.

7 Manès Sperber. Zit. n. Mirjana Stančić: Manès Sperber. Leben und Werk. Frankfurt am Main; Basel 2003, S. 224.

litische Werdegang von Alfred Kantorowicz illustrieren. 1932 steuerte er, neben Otto Heller, als neues KPD-Mitglied einen Beitrag zu dem Sammelband *Klärung. 12 Autoren, Politiker über die Judenfrage* bei, in dem völkische Hetze ebenso veröffentlicht werden durfte wie liberale oder zionistische Stimmen. Kantorowicz kam aus einer jüdischen Familie, 1923 sympathisierte er mit dem Zionismus. 1930 »verfiel er«, wie der Schriftsteller Hans Sahl es in seinen Memoiren ausdrückt, »auf die Idee, sich als Reichstagsabgeordneter einer neuen Partei, der Staatspartei, aufstellen zu lassen«, einem Zusammenschluss aus Deutscher Demokratischer Partei und dem extrem rechten Jungdeutschen Orden.[8] Wenig später wurde Kantorowicz Kommunist.

Aus den letzten Jahren der Weimarer Republik sind Momentaufnahmen überliefert, die jeweils Eindrücke über die Verbreitung judenfeindlicher Einstellungen auch unter Mitgliedern kommunistischer Organisationen wiedergeben. Herbert Wehner, nach 1949 in der Bundesrepublik Deutschland als wortgewaltiger Redner der SPD legendär geworden, war während der Weimarer Republik Mitglied der KPD. Kurz nach dem Zweiten Weltkrieg erinnerte er sich, dass ihm der Leiter einer Berliner Gruppe des Rot-Frontkämpfer-Bunds 1932 vorgerechnet habe, »wie viele Juden im Karl-Liebknechthaus beschäftigt seien«.[9] Solche Begebenheiten wurden nicht erst nach dem Ende des Nationalsozialismus mitgeteilt. Im Juli 1930 berichtete Alexandra Ramm-Pfemfert in einem Brief an Trotzki, am Vortag hätte ein Arzt sie privat besucht, »ein Kommunist, ein Deutscher«, der in der Sowjetunion lebe und tätig sei. Als sie ihn auf etwaige Probleme in Russland oder in seinem medizinischen Institut angesprochen habe, habe der Gast geantwortet, er sei »zwar kein Antisemit, aber beispielsweise haben bei uns im Institut die Juden die ganze Macht« und machten, »was sie wollen«.[10] Die Pfemferts wiesen ihm

8 Hans Sahl: Memoiren eines Moralisten. Frankfurt am Main 1990, S. 197.

9 Herbert Wehner: Notizen [1946]. In: Ders.: Zeugnis. Köln 1982, S. 29–298, hier: S. 53.

10 Alexandra Ramm-Pfemfert an Leo Trotzki. 21. Juli 1930. In: Ranc: Alexandra Ramm-Pfemfert, S. 330 f.

daraufhin die Tür. Bei dem Streik der Berliner Verkehrsbetriebe (BVG) 1932, so der Trotzkist Karl Retzlaw in seiner Autobiografie, seien sich einige seiner Genossen mit den anwesenden Nazis darüber einig gewesen, dass »die Juden« sich niemals an der Basisarbeit beteiligen würden:

> »Die Nazis riefen uns zu: ›Wo sind denn Eure Juden so früh am Morgen?‹ Solche Bemerkungen beeindruckten einige meiner Genossen. ›Oben haben sie – die Juden – eine große Schnauze‹, sagte einer, ›hier, früh um 4 Uhr, kommt kein Aas.‹ ›Zum Plakatenkleben und Flugblätterverteilen kommen sie nie‹, sagte ein anderer und so fort.«[11]

Retzlaw war grundsätzlich überzeugt, dass die »Hasspropaganda gegen die Juden« in der KPD »keinen Erfolg« gehabt hätte. Trotzdem schilderte er die Situation im Rückblick Jahrzehnte später. Denn sie zeige, dass die antisemitische Hetze »latent auch bei Mitgliedern der KPD wirkte. Die Nazipropaganda hatte sich vielleicht schon viel mehr auch in Arbeitergehirne eingefressen, als äußerlich erkennbar war.«[12]

»Schlagt die Faschisten« oder »keinen Bruderkampf«?

Die verschiedenen gemeinsamen Aktivitäten von Mitgliedern der KPD und der NSDAP befremdeten schon in den 1930er Jahren viele, wie Evelyn Anderson später erinnerte. Die als Lore Seligmann geborene Tochter eines Rabbiners war 1929 von der KPD zur SPD gewechselt und schrieb gegen Ende des Zweiten Weltkriegs in den USA, als Historikerin und als Zeitzeugin, über die Arbeiterbewegung in Deutschland. Es sei für viele schockierend gewesen, dass beim BVG-Streik Mitglieder beider Parteien »Arm in Arm standen«. »Der Anblick dieser perversen Einheitsfront war für die meisten Gewerkschaftler, Sozialisten und sogar für viele Kommunisten so abstoßend,

11 Karl Retzlaw: Spartakus. Aufstieg und Niedergang. Erinnerungen eines Parteiarbeiters. Frankfurt am Main [5]1985, S. 352.

12 Ebd.

daß sich die ursprüngliche Sympathie für den Streik und die Streikenden in Abscheu und Feindseligkeit verwandelte.«[13] Immer wieder traten 1930 Kader der KPD bei NSDAP-Veranstaltungen auf. Der theoretische Kopf der KPD jener Jahre, Heinz Neumann, soll bei einem solchen Auftritt ausgerufen haben: »Junge Sozialisten! Tapfere Kämpfer für die Nation! Die Kommunisten wollen keinen Bruderkampf mit den Nationalsozialisten!«[14] Das berichtet Ossip K. Flechtheim, ebenfalls in der Doppelrolle als Historiker und ehemaliges Parteimitglied, in *Die KPD in der Weimarer Republik*. 1927 war er »formell aus der Synagogengemeinde« aus- und in die KPD eingetreten.[15]

Flechtheim konnte sich bei seiner Schilderung auch auf einen Bericht aus *Gegen den Strom* berufen. Unter der Überschrift *Heinz Neumann will keinen Bruderkampf gegen die – Nationalsozialisten* schrieb die Zeitung der KPD-Opposition, der Redetext, den die *Rote Fahne* abgedruckt hatte, gebe Neumanns Vortrag falsch wieder. Sein Auftritt sei »ein einziges widerliches Anbiedern an den Nationalismus« gewesen:

> »Selbstverständlich verleugnete er die Losung ›Schlagt die Faschisten, wo ihr sie trefft‹, die nicht wenige kommunistische Arbeiter teuer bezahlen mußten und von der alle Welt weiß, daß sie erst den Nazis die Hasen in die Küche getrieben hat. *Ja, dieser ›Führer‹ der Antifa war schamlos genug, die nationalsozialistischen Mordstaffeln als ›junge Sozialisten‹ anzureden und ihnen zu versichern, daß die Kommunisten ›keinen Bruderkampf‹ – wörtlich ›keinen Bruderkampf mit den Nationalsozialisten wollen‹*.«[16]

Dazu passte Flechtheims Darstellung des sich zu dieser Zeit verändernden Erscheinungsbilds der KPD:

13 Evelyn Anderson: Hammer oder Amboss. Zur Geschichte der deutschen Arbeiterbewegung [1945]. Aus dem Amerikanischen von Walter D. Schultz. Frankfurt am Main 1981, S. 209 f.

14 Flechtheim: Die KPD in der Weimarer Republik, S. 275.

15 Mario Keßler: Ossip K. Flechtheim. Politischer Wissenschaftler und Zukunftsdenker (1909–1998). Köln u.a. 2007, S. 24.

16 Heinz Neumann will keinen Bruderkampf gegen die – Nationalsozialisten. In: Gegen den Strom, Nr. 45, 8. November 1930.

> »Der Personenkult, der von nun an mit Thälmann getrieben wurde, suchte es dem der Nazis gleich zu tun. Thälmann – der ›Führer des deutschen Proletariats‹, Thälmann auf jedem Plakat, auf Ansichtskarten, im Ehrenpräsidium, als großer Politiker, Theoretiker usw. [...] Da auch die Bezirksleiter zum ›Führer des Ruhrproletariats‹, ›des Berliner Proletariats‹ usw. ernannt wurden, hatte im Bereich des Führerkultus die KPD bald die NSDAP ›eingeholt‹.«[17]

Bei einem Jahrestreffen des Roten Frontkämpferbunds seien dessen uniformierte Mitglieder, so Rosa Meyer-Leviné in ihren Erinnerungen, »in militärischer Ordnung« marschiert und hätten neben »Rotfront« auch den Ruf »Heil Moskau« skandiert.[18]

Auf der anderen Seite sprach man in der KPD von der Sozialdemokratie offiziell als dem »Sozialfaschismus«. Mit dieser Kennzeichnung tat die Parteispitze so, als ginge von der SPD eine ebenso große Gefahr für Leib und Leben der KPD-Mitglieder aus wie von der NSDAP. »Diese Theorie war in jeder Beziehung falsch«, urteilte der Historiker Wolfgang Abendroth später. Denn wenn die SPD faschistisch sein sollte, hieß das, sie würde *»bewusst«* mithelfen, »den Kampf gegen die Arbeiterbewegung zu organisieren«.[19] Abendroth war 1920 als 14-Jähriger dem Kommunistischen Jugendverband beigetreten und 1929, als Teil der KPD-Opposition, ausgeschlossen worden. Die KPD-Opposition kritisierte den »Sozialfaschismus«-Kurs deutlich. Im November 1929 berichtete ihr Organ in einer Notiz mit der Überschrift *Schützt die Faschisten, wo ihr sie trefft!* über Konflikte innerhalb der KPD-Ortsgruppe in Hamburg-Wandsbek. Der dortige Politische Leiter soll, so wird ein anderes KPD-Mitglied zitiert, eine Abmachung mit einem NSDAP-Führer getroffen haben, wonach sich ihre Mitglieder *»in Versammlungen nicht angreifen, sondern gegenseitig schützen«* sollen. Obwohl die Behauptung nicht überprüft werden konnte, kommentierte *Gegen den Strom*, »bei der Einstellung, daß der ›Sozialfaschis-

17 Flechtheim: Die KPD in der Weimarer Republik, S. 256.

18 Meyer-Leviné: Im inneren Kreis, S. 88.

19 Wolfgang Abendroth: Einführung in die Geschichte der Arbeiterbewegung. Von den Anfängen bis 1933. Heilbronn 1988, S. 243.

mus‹ der Hauptfeind« wäre, könne »eine solche Abmachung mit den Nationalsozialisten ja nicht weiter wundernehmen«.[20]

Das Programm »zur nationalen und sozialen Befreiung des deutschen Volkes«

Für Entsetzen – bei manchen auch für sarkastischen Spott – sorgte 1930 die *Programmerklärung zur nationalen und sozialen Befreiung des deutschen Volkes*. Das neue Programm war die offizielle Antwort der KPD auf die erschreckenden Wahlerfolge der NSDAP. Statt der Befreiung des Proletariats versprach nun auch die kommunistische Partei die »Befreiung des deutschen Volkes«. Das ZK wollte mit dem Programm nicht nur nachweisen, dass die NSDAP keine sozialistische Arbeiterpartei war, sondern bestritt außerdem, dass es sich bei der NSDAP um eine nationale Partei handle: »Die Faschisten (Nationalsozialisten) behaupten, sie seien eine ›nationale‹, eine ›sozialistische‹ und eine ›Arbeiter‹partei. Wir erwidern darauf, dass sie eine volks- und arbeiterfeindliche, eine antisozialistische, eine Partei der äußersten Reaktion, der Ausbeutung und Versklavung der Werktätigen sind.«[21]

An Freundinnen schrieb Clara Zetkin, mit der Rede von der »nationalen und sozialen Befreiung« würden »die Grenzlinien zwischen uns und den Nazis verwischt«, die KPD gerate so in eine »die Werktätigen verwirrende Gemeinschaft mit den Nazis«.[22] Es handelte sich um mehr als ein kurzfristiges wahltaktisches Manöver. Im Jahr darauf gab das ZK die Losung der »Volksrevolution« aus. Aus dem Exil kritisierte Trotzki diese Losung mit einer ganz ähnlichen Begründung wie Zetkin zuvor das KPD-Programm:

20 Schützt die Faschisten, wo ihr sie trefft! In: Gegen den Strom. Sonderbeilage, Nr. 10, November 1929.

21 Programmerklärung zur nationalen und sozialen Befreiung des deutschen Volkes. In: Die Rote Fahne, Nr. 197, 24. August 1930.

22 Clara Zetkin an Fanny Jezierska, 13. August 1931. Zit. n. Klaus Kinner: Der deutsche Kommunismus. Selbstverständnis und Realität. Bd. 1. Die Weimarer Zeit. Berlin 1999, S. 193f.; Clara Zetkin an Maria Reese, 27. Dezember 1932. Zit. n. Puschnerat: Clara Zetkin, S. 313.

> »Unter den gegenwärtigen Verhältnissen in Deutschland verwischt die Losung einer ›Volksrevolution‹ die ideologische Demarkation zwischen Marxismus und Faschismus und versöhnt Teile der Arbeiterschaft und des Kleinbürgertums mit der faschistischen Ideologie, da sie ihnen gestattet, zu glauben, daß sie keine Wahl treffen müssen, wenn es doch in beiden Lagern um eine Volksrevolution geht.«[23]

Zwei Jahre nachdem die NSDAP an die Macht gelangt war, kommentierte der Rätekommunist Paul Mattick, die Dritte Internationale habe »die Arbeiter selbst zu Faschisten erzogen, indem man zehn Jahre lang mit Hitler um den wirklichen Nationalismus konkurrierte«.[24] Die KPD-Opposition attestierte der Mutterpartei 1930 einen »spießbürgerlichen Nationalismus«. Allerdings blieb auch die Gruppe um Brandler und Thalheimer bei ihrer alten Haltung, kommunistische Parteien hätten gegen eine »nationale Unterdrückung« zu kämpfen. Falsch sei an dem neuen KPD-Programm lediglich die Reihenfolge, dass »das Nationale vor dem Sozialen« stehe.[25] Die KPD-O blieb zudem der Ansicht treu, bei den negativen Auswirkungen des Versailler Vertrags würde es sich um eine »nationale Unterdrückung« der Deutschen handeln.

Franz Pfemfert hingegen sprach sich in der *Aktion* 1932 unversöhnlich gegen das »nationalsozialistische Treiben der Thälmann-Stalin-Führer« aus. Unter der Überschrift *Nationalisten-Zirkus »Deutschland«* zitierte er nacheinander aus der sozialdemokratischen, der nationalsozialistischen und der kommunistischen Presse und kommentierte eine Auswahl jüngerer Überschriften aus der *Roten Fahne* mit den Worten: »Und das

23 Leo Trotzki: Thälmann und die »Volksrevolution«, 14. April 1931. In. Ders.: Schriften über Deutschland. Bd. I. Frankfurt am Main 1971, S. 102–103, hier: S. 103.

24 Zit. n. Arbeitskreis »Stalin hat uns das Herz gebrochen« der Naturfreundejugend Berlin: Antisemitismus in der DDR und die Verfolgung jüdischer Kommunist*innen. Münster 2017, S. 130.

25 Im Sumpf des spießbürgerlichen Nationalismus. In: Gegen den Strom, Nr. 36, 6. September 1930.

nennt sich ›internationale revolutionäre‹ Partei! Und das soll dem Nationalismus im Proletariat entgegenwirken!«[26]

Wiederholt hatten kommunistische Linke wie Luxemburg, Pfemfert oder Thalheimer den Antisemitismus als ein Symptom des Nationalismus bezeichnet. Nur wenige Tage nach der Bekanntgabe des neuen KPD-Programms erhielt diese Auffassung eine erneute Bestätigung: Die *Rote Fahne* brachte ein antisemitisches Gedicht. *Gegen den Strom* erklärte den Vorfall mit der »Anpassung« der KPD an die Propaganda der Rechtsextremen: »Welches die Folgen dieser Anpassung an die faschistische Phraseologie sind, zeigt folgender Vers des Hausdichters der ›Roten Fahne‹ (›Rote Fahne‹ vom 27.8.): ›Die Jobber, Juden und Jungdogesellen, / Verhandeln mit Junkern und Industriellen.‹ Bald werden wir hören, ob die Juden eine ›rechte Gefahr‹ sind oder eine ›linke‹.«[27] Eine andere Zeitung der KPD-Opposition, *Arbeiterpolitik*, kommentierte sarkastisch, der »Hausdichter« der *Roten Fahne* habe wohl angenommen, dass »zur ›nationalen Befreiung‹ auch die ›Befreiung von den Juden‹ gehört«. »Ein falscher Zungenschlag verrät die wahre Gesinnung oft besser als eine wohlgesetzte Rede.«[28]

Zu diesem Zeitpunkt hatte die Redaktion der *Roten Fahne* allerdings schon reagiert. Durch einen »bedauerlichen *Druckfehler*«, schrieb sie selbstkritisch unter der Überschrift *Ein Fehler*, sei in das Gedicht vom Vortag »eine antisemitische Tendenz geraten«. Mit dem Gedicht hätte »das Bündnis des christlich-faschistischen *Jungdo* mit den jüdischen *Börsenjobbern* in der *Staatspartei* gegeißelt« werden sollen, erklärte das Zentralorgan der KPD. Da der Bindestrich zwischen den Worten »Jobber« und »Juden« weggefallen wäre, sei die »an sich schon mißglückte Zeile *völlig missverständlich* geworden«.[29] Dass die Redaktion einräumte, die Gedichtzeile sei »an sich schon« pro-

26 Franz Pfemfert: Nationalisten-Zirkus »Deutschland«. Zit. n. Ders.: Ich setze diese Zeitschrift wider diese Zeit, S. 215–235, hier: S. 233.

27 Reichswehrrüstungen und Wahlprogramm. In: Gegen den Strom, Nr. 35, 30. August 1930.

28 Arbeiterpolitik, 30. August 1930. Zit. n. Beßmann: Verhältnis der Kommunistischen Partei Opposition, S. 78.

29 Ein Fehler. In: Die Rote Fahne, Nr. 200. 28. August 1930.

blematisch gewesen, hätte erwarten lassen können, dass die KPD von da an jegliche Rede von einem »jüdischen Kapital« oder »jüdischen *Börsenjobbern*« aufgegeben hätte. Aber das tat sie nicht.

Vom »Rassenhaß« zum »Klassenhaß«

Grundsätzlich fiel auch die Auseinandersetzung mit dem »Thema Antisemitismus« in der KPD-Opposition, ähnlich wie in der KPD, so die Historikerin Alyn Beßmann, »eher marginal« aus.[30] August Thalheimer nahm in seiner Analyse *Über den Faschismus*, die Anfang 1930 in *Gegen den Strom* erschien, den Faschismus als eigenständige Bewegung zwar ernster, als es die KPD mit ihrer Rede vom »Werkzeug des Finanzkapitals« tat, und er widmete sich stärker der sozialen Demagogie faschistischer Bewegungen. Doch sein Hauptbezugspunkt war der italienische Faschismus, nicht der deutsche Nationalsozialismus. So spielte der Antisemitismus in seiner Analyse nur eine nebensächliche Rolle. Dabei war der Judenhass der NSDAP weder zu überhören noch zu übersehen. Als der Reichstag am 13. Oktober 1930 eröffnet wurde, versammelten sich mehrere Tausend ihrer Anhängerinnen und Anhänger – *Gegen den Strom* schrieb von 10 000 – vor dem Gebäude, ein Teil der Menge strömte in Richtung Potsdamer Platz und Leipziger Straße und randalierte in Geschäften und Kaufhäusern, von denen, wie es in einem Polizeibericht hieß, »offenbar angenommen wurde, daß sie mit jüdischem Kapital arbeiten«.[31]

Anders als bei dem Scheunenviertel-Pogrom sieben Jahre zuvor verurteilte die KPD wie die KPD-Opposition die antisemitischen Ausschreitungen ohne Wenn und Aber. Unter der Überschrift *Judenpogrome – Polizeiverbrechen* berichtete die *Rote Fahne* über das »wohlvorbereitete Judenpogrom gegen Geschäfte mit jüdisch klingenden Namen«. In ihrer Deutung blieb die KPD allerdings dem Muster aus der Zeit des Russischen Bürgerkriegs verhaftet, wonach die Gewalt gegen Jüdin-

30 Beßmann: Verhältnis der Kommunistischen Partei Opposition, S. 67.
31 Zit. n. Walter: Antisemitische Kriminalität und Gewalt, S. 209.

nen und Juden einen Vorstoß der Gegenrevolution ankündigte, deren eigentliches Ziel die kommunistische Bewegung sei:

> »Kein Zweifel, der Judenpogrom vom 13. Oktober ist *erst ein Anfang*. Mit dem Einschlagen der Fensterscheiben jüdischer Geschäftsleute fängt es an. Die Ermordung jüdischer Proletarier, die Ermordung von Proletariern ohne Unterschied, der Ueberfall auf revolutionäre Arbeiterlokale soll folgen. Judenpogrome haben nie etwas mit dem Kampf gegen den Kapitalismus zu tun gehabt. Sie waren im Gegenteil – das beweist die ganze Geschichte dieser Verbrechen – stets Ablenkungsmanöver zur Einleitung verschärfter Ausbeutung und brutalerer politischer Unterdrückung des Proletariats.«[32]

Das Organ der KPD-Opposition kritisierte zwar, dass »die Arbeiterbürokratie den Ernst dieser Vorfälle nicht sehen« wolle, kam jedoch zu einem ähnlichen Schluss wie die *Rote Fahne* und stellte die Bedrohung für die kommunistische Bewegung heraus. Bliebe das organisierte Proletariat *»weiter passiv«*, so werde *»dem Fenstersturm bald der Ueberfall auf die Gewerkschaftshäuser und Arbeiterlokale, der Pogrom auf die klassenbewußten Arbeiter folgen«*.[33] Als im Jahr darauf am Abend des jüdischen Neujahrsfests Rosch ha-Schana, am 12. September 1931, SA-Gruppen auf dem Berliner Kurfürstendamm und in den angrenzenden Straßen Jagd auf Menschen machten, die sie als »Juden« identifizierten, berichteten weder die *Rote Fahne* noch *Gegen den Strom* von der Gewalt. Dabei handelte es sich, wie die Historikerin Irmtraud Ubbens schreibt, um »die brutalsten antisemitischen Ausschreitungen, die Berlin in der Weimarer Republik erlebte«.[34] Die KPD-Opposition war zu dieser Zeit vor allem mit ih-

32 Zur Unterstützung der Young-Ausplünderung: Judenpogrome – Polizeiverbrechen. Hitlers Sturmabteilungen zertrümmern Fensterscheiben – SPD-Polizei überfällt das Leichenbegängnis des Genossen Gustav Menzel. In: Die Rote Fahne, Nr. 240, 14. Oktober 1930.

33 Es geht los! Der erste Pogrom in Berlin. In: Gegen den Strom, Nr. 42, 18. Oktober 1930.

34 Irmtraud Ubbens: Zur Presseberichterstattung über die Nazi-Krawalle auf dem Kurfürstendamm am jüdischen Neujahrstag 1931 und die nachfolgen-

rer Spaltung beschäftigt, aus der die Sozialistische Arbeiterpartei hervorging. Die *Rote Fahne* erwähnte das »Judenpogrom« erst nach über vier Monaten, im Januar 1932, in einem Bericht über die ersten Gerichtsverfahren gegen beteiligte SA-Führer.[35] Die Nazis selbst stellten die Attacken auf Passantinnen und Passanten sowie Lokale und ihre Gäste als »Sozialprotest« dar. So bezeichnete die NSDAP-Zeitung *Der Angriff* die Attacken auf dem Kurfürstendamm als »Demonstration Arbeitsloser«.[36]

In den wenigen Artikeln, die sich mit den sozioökomischen Ursachen des Judenhasses auseinandersetzten, blieben die Zeitungen der KPD und der KPD-O bei der Auffassung, hinter dem »Rassenhaß« stehe oft ein unbewusster »Klassenhaß«. Unter der Überschrift *»Haut die Juden!«* erklärte zum Beispiel Albert Schreiner in *Gegen den Strom*: »Um die Lebensfrist des Gesamtkapitalismus zu verlängern«, werde »für die Empörung der unter der Last ihrer Not und Entbehrung ächzenden Massen ein Blitzableiter aufgestellt«.[37] Aus einer gleichlautenden Analyse folgerte die *Rote Fahne*, die Mitglieder der KPD müssten daran mitwirken, antisemitische Ressentiments in einen gerechten Zorn gegen den Kapitalismus zu verwandeln. *Klassenhaß statt Rassenhaß* lautete eine Überschrift im Dezember 1930. Der Beitrag wies zunächst sogar darauf hin, dass »viele Angestellte nicht nur wegen der sozialen oder nationalen Tendenzen mit den Nazis sympathisieren, sondern daß hierbei der *Antisemitismus* auch eine große Rolle spielt«. Daraus zog das Zentralorgan der KPD aber den Schluss, es sei nun die Aufgabe, »diesen *Rassenhaß* bei den Angestellten in einen revolutionären *Klassenhaß* umzuwandeln«.[38]

den Gerichtsprozesse. In: Nagel/Zimmermann (Hg.): Judenfeindschaft und Antisemitismus in der deutschen Presse über fünf Jahrhunderte, S. 645–670, hier: S. 645.

35 Siehe ebd., S. 649.

36 Walter: Antisemitische Kriminalität und Gewalt, S. 219.

37 »Haut die Juden!« Faschistische Parolen und Schlagworte. In: Gegen den Strom, Nr. 5, 1. Februar 1930.

38 Klassenhaß statt Rassenhaß. Man muß bei den Angestellten eine große Aufklärungskampagne entwickeln. In: Die Rote Fahne, Nr. 304, 30. Dezember 1930.

Wie Vertreterinnen und Vertreter der KPD diese Strategie verfolgten, zeigte sich in der direkten Konfrontation mit der NSDAP-Basis. Eine bekannte Fotografie zeigt Walter Ulbricht, Mitarbeiter des ZK und seit 1929 Politischer Sekretär des Bezirks Berlin-Brandenburg, und Joseph Goebbels bei einem Auftritt Anfang 1931 in Berlin-Friedrichshain.[39] Das ZK war zu dieser Zeit zuversichtlich, aus dem Scheitern des Schlageter-Kurses die richtigen Schlüsse gezogen zu haben. Nun könne man bei der NSDAP klar »zwischen den faschistischen Führern und den irregeführten Massen ihrer Anhänger« unterscheiden.[40] Gerade Ulbricht war überzeugt, dass die »objektiven

Abb. 5 »Walter Ulbricht entlarvt als Diskussionsredner in einer Naziversammlung im Berliner Saalbau Friedrichshain die Demagogie der Hitlerfaschisten, 22. Januar 1931.«

39 Siehe Geschichte der deutschen Arbeiterbewegung. Hrsg. v. Institut für Marxismus-Leninismus beim Zentralkomitee der SED. Bd. 3. Von 1917 bis 1923. Berlin (Ost) 1966, S. 272.

40 Resolution über den Kampf gegen den Faschismus. Beschlossen vom Polbüro des ZK in der Sitzung vom 4. Juni 1930. In: Die Rote Fahne, Nr. 137, 15. Juni 1930.

Bedingungen für die Loslösung der Arbeiter von der NSDAP« aktuell »besonders günstig« seien. Rednerinnen und Redner der KPD müssten »in allen Versammlungen der NSDAP auftreten«.[41] Die Veranstaltung im Januar 1931 mit 4000 Gästen endete allerdings in einer Saalschlacht, bei der über 100 Menschen, unter ihnen Ulbricht, verletzt wurden, einige von ihnen schwer. Ulbrichts Rede kreiste, gemäß der neuen programmatischen Ausrichtung, um den Nachweis, dass es sich bei der NSDAP um eine Partei der »Volksausplünderer« handle: »Nazis schenken Millionären weitere Millionen, während das arbeitende Volk hungert. Angeblich führen die Nazis den Kampf gegen die Volksausplünderer. Aber in Wirklichkeit schenken sie ihnen Riesensubventionen.«[42]

Der jüngste Beleg, den Ulbricht anführte, war einen Tag alt. Am Tag zuvor hatten »die Naziführer« einer Subvention der Mansfeld-AG zugestimmt. An dieser Stelle enthält das Redeprotokoll, das die *Rote Fahne* wiedergab, einen Zwischenruf aus dem Publikum:

> »Am 21. Januar stimmten die Naziführer für die Subventionen der Mansfeld-AG. von 7 Millionen Mark. Die Herren Otto Wolff, Jakob Goldschmidt und Co. (Zwischenruf: der Jude Otto Wolff, der Jude Goldschmidt). Jawohl, dem jüdischen *hundertfachen Millionär* Otto Wolff wurden *noch weitere Millionen geschenkt*, aber dafür haben die nationalsozialistischen Führer gestimmt.«[43]

In den in der DDR herausgegebenen Schriften Ulbrichts fehlt der Zwischenruf, und der Redetext ist etwas verändert.[44] Auf

41 Walter Ulbricht: Faschistische Diktatur, das letzte Mittel der Bourgeoisie. 15. Dezember 1930. In: Ders.: Zur Geschichte der deutschen Arbeiterbewegung. Aus Reden und Aufsätzen. Bd. 1. 1918–1933. Berlin (Ost) 1953, S. 519.

42 Genosse Ulbrichts Abrechnung mit den Nazis. Sein Aufruf zur Einheitsfront aller werktätigen Schichten gegen Volksausplünderung und Young-Sklaverei. In: Die Rote Fahne, Nr. 20, 24. Januar 1931.

43 Ebd.

44 Siehe Walter Ulbricht: Einheitsfront aller werktätigen Schichten gegen Volksausplünderei und Youngsklaverei, 21. Januar 1931. In: Ders.: Zur Geschichte der deutschen Arbeiterbewegung. Bd. 1. S. 529 f.

den ersten Blick erinnert die Konfrontation an die Auftritte von Fischer oder Remmele vor Rechtsextremen acht Jahre zuvor. Doch die Pointe von Ulbrichts Reaktion entsprach eher der Karikatur *Hakenkreuzparade vor Hakennasen* (Abb. 3). Ulbricht wies den antisemitischen Zwischenruf nicht als antisemitisch zurück. Stattdessen griff er die Feindseligkeit gegen ›reiche Juden‹ auf und versuchte, sie gegen die Führung der NSDAP umzulenken. Die NSDAP-Führer hätten, so seine Argumentation, gar nichts gegen einen »jüdischen *hundertfachen Millionär*«. In Wirklichkeit profitierten »Naziführer« und »jüdisches Kapital« voneinander. Einen Tag später erklärte der Leitartikel der *Roten Fahne* unter der Überschrift *Die Nazis für Bank- und Trustfürsten* noch einmal deutlich, wer in der Mansfeld-AG das Sagen habe. In deren Aufsichtsrat säßen, so das Zentralorgan der KPD, *»die ›Bank- und Börsenfürsten‹ Jakob Goldschmidt (Jude), Ed. Mosler (Jude), beide von der Danatbank*«, und andere.[45]

Mit seiner Erwiderung war Ulbricht keiner spontanen Eingebung gefolgt. Andere prominente Vertreterinnen und Vertreter der KPD behaupteten ebenfalls, ›reiche Juden‹ würden die NSDAP finanzieren und so deren Politik beeinflussen. Das ZK-Mitglied Remmele behauptete in einer Rede, die die KPD als eigenständige Broschüre veröffentlichte, Goebbels hätte

> »einen Parteibefehl erlassen, daß der Ruf ›Juda verrecke!‹ *in Zukunft nicht mehr angewendet* werden dürfe. Bald danach berichtete die bürgerliche Presse, daß die nationalsozialistische Gauleitung von dem Juden Jakob Goldschmidt, einem vielfachen Millionär und Generaldirektor der Danatbank, große Geldmittel zur Verfügung gestellt bekam.«[46]

Schon zuvor hatte die *Rote Fahne* in einer Überschrift behauptet: *Im Auftrag Jakob Goldschmidts. Goebbels verbietet: »Juda ver-*

45 Die Nazis für Bank- und Trustfürsten. In: Die Rote Fahne, Nr. 18, 22. Januar 1931.

46 Hermann Remmele: Sowjetstern oder Hakenkreuz. Die Rettung Deutschlands aus der Youngsklaverei und Kapitalsknechtschaft. Berlin 1930, S. 13 f.

recke!«[47] Vor dem Hintergrund dieser Art der Berichterstattung erhält auch eine Aussage aus der ZK-Erklärung *Kommunismus und Judenfrage* eine konkretere Bedeutung, als sie für sich genommen haben müsste: »Jüdisches und nichtjüdisches Kapital sind untrennbar miteinander versippt und verquickt, auf Gedeih und Verderb miteinander verbunden. Jüdisches Geld nährt auch den Faschismus. Faschistische Streikbrecher stehen im Sold jüdischer Industrieller.«[48] Auf den ersten Blick könnte man meinen, die beiden letztgenannten Sätze seien nicht mehr als eine holzschnittartig formulierte Ableitung aus der Prämisse, zwischen »jüdischem und nichtjüdischem Kapital« bestehe kein Unterschied. Aber wie die Artikel aus der *Roten Fahne* zeigen, meinte das ZK der KPD die Aussage, »Streikbrecher« der NSDAP würden »im Sold jüdischer Industrieller« stehen, ganz konkret. Besonders deutlich zeigt das ein Beitrag aus der *Roten Fahne*, der eigentlich ein anderes Ziel verfolgte.

Grenzen der Aufklärung

Der ganzseitige Beitrag *Die Blutsauger des deutschen Volkes im Scheunenviertel* aus dem Herbst 1929 gehörte zu den wenigen Versuchen der *Roten Fahne*, der antisemitischen Hetze der NSDAP eine nüchterne Darstellung der Realität entgegenzusetzen. Ähnliches sollte der Roman *Jews without Money* leisten, der 1931 auf Deutsch erschien und das Leben armer Jüdinnen und Juden in New York beschrieb. Sein Autor Michael Gold (ursprünglich Isaac oder Irwin Granich) war ein »glühender Kommunist«, den der Roman in den USA »schlagartig berühmt« gemacht hatte.[49] Bei der Präsentation der deutschen Ausgabe in Berlin sagte Gold, sein Roman könne »als ein Pro-

47 Im Auftrag Jakob Goldschmidts. Goebbels verbietet: »Juda verrecke!« In: Die Rote Fahne, Nr. 234, 17. November 1929.

48 ZK der KPD: Kommunismus und Judenfrage, S. 283.

49 Birgit Schmidt: Jüdisches Subproletariat in New York. Michael Golds *Jews without Money*. In: Hans-Joachim Hahn / Olaf Kistenmacher: Beschreibungsversuche der Judenfeindschaft. Bd. II. Antisemitismus in Text und Bild – zwischen Kritik, Reflexion und Ambivalenz. Berlin / Boston 2019, S. 301–314, hier: S. 303.

pagandamittel gegen die nazistischen Lügen« dienen.[50] Bei dem *Rote-Fahne*-Beitrag *Die Blutsauger des deutschen Volkes im Scheunenviertel* fehlten in der Überschrift zwar die Anführungszeichen (ein Stilmittel, das das KPD-Organ sonst oft benutzte). Aber es war offensichtlich, dass die Überschrift nicht die Sichtweise der KPD wiedergab, sondern die Hetze völkischer Antisemiten zitieren sollte. Gleich zu Beginn erklärte der Artikel, dass wenn man »in die Elendsquartiere des Scheunenviertels hineinleuchtet«, erkennen müsse, dass es sich bei dem »Antisemitismus gegen die Aermsten der Armen« um eine »Lüge« handelt. Danach gab der Beitrag allerdings einem nicht weiter benannten »jüdischen Großkapital« eine Mitschuld am Aufstieg der NSDAP und damit an der antisemitischen Gewalt:

> »Die Pogrome, die diese von dem jüdischen Großkapital gut bezahlten Horden durchführen, sind Mörderfeldzüge gegen arme Proletarier, die nicht nur in dem tiefsten Elend dieser kapitalistischen Gesellschaft ihr Dasein fristen, sondern Sklaven einer mittelalterlichen Zurückgebliebenheit sind.«[51]

Hermann Duncker, langjähriger Mitarbeiter des ZK und Leiter der Marxistischen Abendschule in Berlin, nutzte seine Rezension der Broschüre *Über die Judenfrage*, die Texte von Lenin versammelte, um ebenfalls zu behaupten, die »jüdischen Großverdiener« würden den Nationalsozialismus finanziell unterstützen. Die Bourgeoisie opfere zu ihrer Selbsterhaltung »einige jüdische Mitläufer und Kleinverdiener – die jüdischen Großverdiener finanzieren, wenn nötig, selbst den Hitlerismus«.[52] Diese Behauptung fand sich nicht nur in den einzelnen Artikeln. Zu den Überschriften der *Roten Fahne*, in denen Anfang der 1930er Jahre die Worte »jüdisch« oder »Juden« vorkamen, gehörten unter anderem: *Jüdischer Warenhausbesitzer fi-*

50 Aus dem Klappentext zu Michael Gold: Juden ohne Geld [1931]. Aus dem Amerikanischen v. Paul Bandisch. Berlin (Ost) 1950.

51 Die Blutsauger des deutschen Volkes im Scheunenviertel. In: Die Rote Fahne, Nr. 183, 19. September 1929.

52 W. I. Lenin: »Ueber die Judenfrage«. In: Die Rote Fahne, Nr. 121, 4. Januar 1932.

nanziert Nazipropaganda, *Ein Nazi spitzelt für den jüdischen Chef* oder *Hitler proklamiert die Rettung der reichen Juden*. Die letzte Überschrift vor dem 30. Januar 1933, die eine solche Beziehung behauptete, lautete kurz und knapp: *Nazis für jüdisches Kapital*.[53]

Im Unterschied zu Ulbrichts oder Remmeles Reden waren diese Beiträge in der *Roten Fahne* nicht für ein Nazipublikum bestimmt, sondern für die eigenen Parteimitglieder. Das Gleiche gilt für die ZK-Erklärung *Kommunismus und Judenfrage*, die festlegen sollte, wie sich die Mitglieder der KPD zu positionieren hätten. Mit ihrer Deutung der »Judenfrage« versuchte die KPD nicht nur, wie eine in der Geschichtswissenschaft gängige Auffassung besagt, sich »den antisemitischen Gedankengängen der Rechten anzupassen«.[54] Denn was die *Rote Fahne* in solchen Beiträgen oder das ZK in seiner Erklärung behaupteten, hätten extreme Rechte gar nicht vertreten können. So zu tun, als unterstützten sich NSDAP und »jüdisches Kapital« gegenseitig, war nur einer antifaschistischen und antikapitalistischen Partei möglich.[55]

Solche Besonderheiten waren in den letzten Jahren der Weimarer Republik kein Thema mehr. Sie wurden jedenfalls nicht öffentlich kritisiert. Denn eine andere Gefahr war weitaus größer. Trotzdem wurde auch sie von vielen unterschätzt, wie Manès Sperber später schrieb. Er habe, gestand er in *Die vergebliche Warnung*, »wie fast die ganze Linke« die Gefahr verkannt, die vom nationalsozialistischen Judenhass ausging:

> »Ich hatte keinen Augenblick erwogen, was die Nazis den Juden antun würden, nun da sie die Macht hatten, ›Juda verrecken‹ zu lassen. [...] Ich ging in die Irre, weil ich – wie

53 Jüdischer Warenhausbesitzer finanziert Nazipropaganda. In: Die Rote Fahne, Nr. 174, 29. Juli 1930; Ein Nazi spitzelt für den jüdischen Chef. In: Die Rote Fahne, Nr. 71, 25. März 1931; Hitler proklamiert die Rettung der reichen Juden. In: Die Rote Fahne, Nr. 208, 15. November 1931; Nazis für jüdisches Kapital. In: Die Rote Fahne, Nr. 182, 7. September 1932.

54 Silberner: Kommunisten zur Judenfrage, S. 267.

55 Siehe Martin Jay: Anti-Semitism and the Weimar Left. In: Ders.: Permanent Exiles. Essays on the Intellectual Migration from Germany to America. New York 1985, S. 79–89.

> fast die ganze Linke – glaubte, daß die Nazis, was auch immer sie vorgaben und sozialdemagogisch versprachen, den Interessen des Kapitalismus nie zuwiderhandeln und dessen Prinzip, die Unantastbarkeit des Privateigentums, der ›heiligen Güter‹, niemals in Frage stellen würden. Die SA wird in der Grenadierstraße und in einigen anderen Gassen, wo arme Juden wohnen, Überfälle machen, polnische Juden aus ihren Wohnungen hinauswerfen, einige jüdische Köpfe blutig schlagen; sie werden den Numerus clausus an Universitäten einführen, um die jüdische Konkurrenz zu schwächen – sonst wird alles beim alten bleiben.«[56]

Ein furchtbarer Irrtum. Nichts war nach 1933 mehr wie zuvor. Alexandra und Franz Pfemfert flohen am 1. März 1933 aus Deutschland und landeten nach vielen Umwegen, verzweifelt und ohne Perspektive, 1941 in Mexiko. Von dort aus führten sie eine herzliche Brieffreundschaft mit Ruth Fischer, die sie auf ihrer Flucht in Portugal getroffen hatten und die in New York Zuflucht fand. Brandler und Thalheimer verschlug es nach Kuba. Emma Goldman blieb zunächst in Europa, fand Unterschlupf in Frankreich und Spanien, bis sie schließlich nach Kanada floh, wo sie 1940 starb. Werner Scholem wurde 1933 in Deutschland verhaftet. Er wurde »nach mehr als sieben Jahren KZ im Juni 1940 in Buchenwald ermordet«.[57] Otto Heller entkam zunächst nach Moskau, entschied sich jedoch, wie der Historiker Tom Navon schreibt, wegen der drohenden stalinistischen Säuberungen von dort zu fliehen.[58] In Frankreich gelang ihm nach einer ersten Festnahme die Flucht aus dem Internierungslager Montauban, und er leistete unter falschem Namen Widerstandsarbeit innerhalb der in Lille stationierten Wehrmacht. 1943 nahm die Gestapo ihn erneut fest, Heller wurde nach Auschwitz deportiert. Dort schaffte er es, als Mitglied der Gruppe um Bruno Baum Nachrichten aus dem

56 Sperber: Die vergebliche Warnung, S. 215.

57 Gershom Scholem: Von Berlin nach Jerusalem. Jugenderinnerungen [1982]. Aus dem Hebräischen von Michael Brocke u. Andrea Schatz. Frankfurt am Main 1997, S. 182.

58 Siehe Navon: The Jew Is to Be Burned, S. 353.

Vernichtungslager zu verschicken. 1945 ins KZ Mauthausen überstellt, verlor Heller vor Kriegsende in dessen Außenlager Ebensee sein Leben.

Es gehört zur Tragödie und zum Trauma der kommunistischen Linken, dass für viele von ihnen die Sowjetunion keine Rettung bedeutete: Wer sich dorthin flüchtete, war nicht in Sicherheit. Selbst linientreue Mitglieder der KPD fielen den Großen Säuberungen zum Opfer. Heinz Neumann wurde im April 1937 vom sowjetischen Geheimdienst verhaftet und gilt seitdem als »spurlos verschwunden«. Hermann Remmele wurde im selben Jahr in Moskau verhaftet, als offizielles Todesdatum wird das Jahr 1939 angegeben. Fritz David wurde bereits 1936 beim ersten Moskauer Schauprozess vor Gericht gestellt und zum Tode verurteilt. Die Mehrheit der jüdischen Funktionärinnen und Funktionäre der PKP überlebte den Großen Terror ebenfalls nicht. Einer der Wenigen, die mit dem Leben davonkamen, war Joseph Berger, nach über 20 Jahren im Gulag. Leo Trotzki war nicht einmal in Mexiko vor Stalin sicher. Nach mehreren gescheiterten Anschlagsversuchen gelang es einem der sowjetischen Agenten, Trotzki am 21. August 1940 in Coyoacán zu ermorden.

Das Undenkbare denken

Mit *Thermidor und Antisemitismus* entwarf Trotzki 1938 im mexikanischen Exil eine erste theoretische Analyse, weshalb in Russland nicht nur innerhalb der Bevölkerung der alte Judenhass fortbestand, sondern wie »das Sowjet-Regime« daran mitwirkte, »von Neuem eine antisemitische Atmosphäre zu schaffen«.[1] Dieser Text wurde erst posthum veröffentlicht. Als Trotzki im Januar 1937 gegenüber Pressevertreterinnen und -vertretern davon sprach, Stalin und seine Gefolgschaft hätten im Machtkampf gegen ihn, Kamenew und Sinowjew seit Längerem »antisemitische Stimmungen im Land ausgenützt«, traf er damit weitgehend auf Unverständnis. Innerhalb der Komintern galt er ohnehin als Verräter der Revolution, Agent des deutschen Faschismus, als »Judas«. Doch Trotzkis Darstellung wurde auch von US-amerikanischen Jüdinnen und Juden abgelehnt. »Wir pflegten in der Sowjetunion, soweit der Antisemitismus betroffen war«, hieß es in der in New York erscheinenden jiddischsprachigen Tageszeitung *Der Tog*, »unseren einzigen Lichtblick zu sehen. Es ist unverzeihlich, daß Trotzki gegen Stalin grundlose Beschuldigungen erhebt.«[2] In einer Zeit, in der sich ihre Blicke zu Recht voller Schrecken auf Nazideutschland richteten, schien der Vorwurf des Antisemitismus gegenüber der Sowjetunion ungeheuerlich.

In einem Interview mit der Jewish Telegraph Agency wies Trotzki 1937 auf eine »verschleierte, unangreifbare antisemitische Demagogie« bei dem zweiten Schauprozess in Moskau hin. »Der letzte Moskauer Prozess zum Beispiel wurde mit der kaum verhüllten Absicht aufgezogen, die Internationalisten als Juden ohne Treu und Glauben darzustellen, die imstande sind,

1 Trotzki: Thermidor und Antisemitismus, S. 146.

2 Der Tog, Januar 1937. Zit. n. Isaac Deutscher: Trotzki. Bd. III: Der verstoßene Prophet 1929–1940 [1963]. Aus dem Englischen von Harry Maor. Stuttgart u.a. [2]1972, S. 344.

sich an die Gestapo zu verkaufen.«[3] In *Thermidor und Antisemitismus* stellte Trotzki ausführlicher dar, was er als Judenfeindschaft »der sowjetischen Spielart«, als »neuen« Antisemitismus bezeichnete.[4] Diese Variante unterschied sich grundlegend von der nationalsozialistischen Vernichtungsideologie. Antisemitismus war unter Stalin kein Bestandteil eines Parteiprogramms. Nach Trotzkis Analyse mussten Stalin oder seine Gefolgsleute Judenfeindschaft nicht erst noch ausführlich propagieren. Vielmehr ging er davon aus, dass in der russischen Gesellschaft, trotz der Revolution und trotz der Gesetzgebung der Bolschewiki, judenfeindliche Vorstellungen weiterbestanden, und so reichten einige wenige Anspielungen, um bei einem Teil der Bevölkerung das Bild einer gegen die UdSSR gerichteten weltweiten Verschwörung heraufzubeschwören, als deren großer Strippenzieher Trotzki galt. Erst in der *Geschichte der Kommunistischen Partei der Sowjetunion (Bolschewiki)*, autorisiert vom ZK der KPdSU, hieß es 1938 explizit:

> »Hauptinspirator und Hauptorganisator dieser Bande von Mördern und Spionen war der Judas Trotzki. Die Helfershelfer Trotzkis, die seine konterrevolutionären Direktiven ausführten, waren Sinowjew, Kamenew und ihre trotzkistischen Nachläufer. Sie bereiteten die Niederlage der Sowjetunion für den Fall eines Angriffs der Imperialisten vor, sie waren gegenüber dem Arbeiter- und Bauernstaat zu Defaitisten, zu verabscheuungswürdigen Lakaien und Agenten der deutschen und japanischen Faschisten geworden.«[5]

Anfang der 1950er Jahre wurde in der Tschechoslowakischen Republik der Schauprozess gegen Rudolf Slánský und zwölf weitere Personen geführt, von denen die Mehrheit während der Verhöre und vor Gericht als »Zionisten« bezeichnet wurden. Dass diese Bezeichnung die Funktion hatte, sie als »Juden«

3 Trotzki: Interview mit jüdischen Journalisten, S. 144. [Übersetzung leicht verändert.]

4 Trotzki: Thermidor und Antisemitismus, S. 147.

5 Geschichte der Kommunistischen Partei der Sowjetunion (Bolschewiki). Kurzer Lehrgang [1938]. Berlin (Ost) 1951, S. 407 f.

zu markieren, ist in der Antisemitismusforschung unumstritten.[6] Elf der 13 Hauptangeklagten stammten, wie Slánský, aus jüdischen Familien; sie wurden Anfang Dezember 1952 hingerichtet. Ähnliche Schauprozesse wurden zur gleichen Zeit in der DDR und in der Sowjetunion vorbereitet. Stalins Tod im März 1953 setzte diesen Vorhaben ein Ende. In der DDR wurde in den Ermittlungsverfahren gegen Paul Merker, von denen auch prominente Mitglieder der jüdischen Gemeinden betroffen waren, ebenfalls von Jüdinnen und Juden von »Zionisten« gesprochen.[7] Es handelte sich also um eine verschleierte, latente Form des Antisemitismus.

Im Zusammenhang mit den Moskauer Schauprozessen 1937 analysierte Trotzki die Funktion ähnlicher Anspielungen und Codes. Als Beispiel führte er an, dass er und sein Sohn mittlerweile in offiziellen Bekanntmachungen Bronstein genannt würden, um an ihre »jüdische Herkunft« zu erinnern. Trotzki berief sich dabei auch auf eine Beobachtung Franz Pfemferts, der ihm geschrieben hatte:

> »Vielleicht erinnern Sie sich noch, daß ich vor einigen Jahren in der *Aktion* behauptet habe, daß viele Handlungen Stalins aus seinen antisemitischen Tendenzen her erklärt werden können. Die Tatsache, daß er in diesem scheußlichen Prozeß es fertigbrachte, durch TASS die Namen von Sinowjew und Kamenew ›richtigzustellen‹, stellt für sich allein eine Geste dar.«[8]

In der Kommunismusforschung wird oft die Frage gestellt, ob Stalin, Marx oder andere persönlich antisemitisch eingestellt gewesen seien.[9] Der Frage, ob Stalin ein Antisemit war, ging Trotzki nicht nach. Mit ihr wäre die politisch entscheidende

6 Siehe Klaus Holz: Nationaler Antisemitismus. Wissenssoziologie einer Weltanschauung. Hamburg 2001, S. 431–482.

7 Siehe Haury: Antisemitismus von links, S. 463.

8 Franz Pfemfert: Brief an Trotzki, August 1936. Zit. n. Trotzki: Thermidor und Antisemitismus, S. 152.

9 Siehe Edmund Silberner: Was Marx an anti-Semite?. In: Historica Judaica, Nr. 1/1949, S. 3–52.

Frage auch gar nicht berührt. Denn selbst angenommen, einzelne führende Kommunistinnen und Kommunisten wären antisemitisch eingestellt gewesen, bliebe noch zu klären, wie sich ein individuelles Ressentiment in einem Umfeld durchsetzen konnte, das beanspruchte, Antisemitismus abzulehnen und zu bekämpfen. Um das klären zu können, ist es notwendig zu analysieren, an welche bereits bestehenden Denkformen, Stereotype und Ressentiments angeknüpft werden konnte und wie sie verstärkt wurden.

Der Begriff »latenter Antisemitismus« hat mindestens zwei Bedeutungen. Mit ihm wird erstens die Strategie benannt, bewusst auf eine ›jüdische‹ Identität einer Person anzuspielen, ohne sie explizit als »jüdisch« zu bezeichnen. Zweitens wird als latenter Antisemitismus eine unbewusste Feindseligkeit gegen Jüdinnen, Juden oder »Jüdisches« bezeichnet.[10] In *Thermidor und Antisemitismus* schrieb Trotzki, der Staatsapparat unter Stalin würde »die eingefleischtesten Vorurteile und die dunkelsten Instinkte« ausnutzen.[11] Um eine Art unbewussten Antisemitismus handelte es sich vermutlich sogar dann, wenn führende Mitglieder der KPD in der Weimarer Republik explizit von »Juden« oder einem »jüdischen Kapital« sprachen. Denn sie waren wahrscheinlich überzeugt, mit ihren Worten und Taten keine Feindschaft gegen Jüdinnen und Juden zu schüren. Das Attribut »unbewusst« ist nicht ganz wörtlich zu nehmen. Menschen wissen, was sie sagen und meinen. Sie können allerdings – vor sich und anderen – verborgen halten, verleugnen, auf welche Vorurteilsstrukturen und Stereotype sie zurückgreifen, welche sie reproduzieren und welche Auswirkungen ihre Aussagen und Handlungen haben. Um sich das nicht eingestehen zu müssen und die eigenen Vorstellungen für gerechtfertigt zu halten, kann das jeweilige Umfeld, zum Beispiel die eigene Partei, hilfreich sein. Wenn sogar das Zentralorgan der KPD es für legitim hielt, bis 1933 von einem »jüdischen Kapi-

10 Siehe Werner Bergmann/Rainer Erb: Kommunikationslatenz, Moral und öffentliche Meinung. Theoretische Überlegungen zum Antisemitismus in der Bundesrepublik Deutschland. In: Kölner Zeitschrift für Soziologie und Sozialpsychologie, Nr. 38/1986, S. 223–246.

11 Trotzki: Thermidor und Antisemitismus, S. 148.

tal« zu schreiben, bedeutete das für die Mitglieder der Partei, dass eine solche Redeweise im Einklang stand mit den Grundsätzen einer marxistisch-leninistischen Gesellschaftsanalyse. Wenn die *Rote Fahne* wiederholt behauptete, NSDAP und »jüdisches Kapital« würden sich gegenseitig unterstützen, hieß das für Parteimitglieder ebenfalls, dass eine solche Behauptung nicht als antisemitisch galt.

Auch deswegen ist die frühe anarchistische oder kommunistische Kritik des Antisemitismus in der KPD bedeutsam. Denn sie verdeutlicht, was man zur Zeit der Weimarer Republik wissen konnte. Was Franz Pfemfert oder Rudolf Rocker 1923 erkannten, hätten Ruth Fischer und Hermann Remmele ebenfalls erkennen können. Dass sie bei ihren Auftritten vor Rechtsextremen Judenhass nicht bekämpften – wie es die KPD stets beanspruchte –, war ohnehin offensichtlich. Fischer und Remmele hätten sich zudem bewusst machen können, dass sie durch ihre Reden antisemitische Vorstellungen reproduzierten, indem sie zum Beispiel bestätigten, dass es in Deutschland ein mächtiges »jüdisches« Kapital geben würde. Vor dem Hintergrund der frühen Kritik von Pfemfert und Rocker ist außerdem die Tatsache zu bewerten, dass Kader der KPD ab Ende der 1920er Jahre erneut vor Nazis auftraten und auf antisemitische Bemerkungen und Rufe ähnlich reagierten wie schon 1923.

Die Kritik, die in der Zeitung der KPD-Opposition am Antizionismus geübt wurde, ist aus demselben Grund bedeutsam. Denn sie macht deutlich, dass die Mitglieder der KPD hätten bemerken können, was ein Artikel in *Gegen den Strom* deutlich machte: Wenn die KPD die verschiedenen Konflikte in Palästina als Konflikt zwischen britischer Mandatsmacht und zwei Gruppen, »Zionisten« und »Araber«, darstellte, verabschiedete sie sich von der Analyse von Klassenkämpfen. Anstatt für eine gesellschaftliche Klasse, für das Proletariat, ergriff die KPD dabei für ein »nationales« Kollektiv Partei. Wie das ZK seine Sichtweise durchsetzte, wird an dem Fall von Otto Heller anschaulich, der seine Position nach der Kritik in der *Roten Fahne* revidierte. Auf internationaler Ebene ging die Komintern noch darüber hinaus. Ehemals führende Mitglieder der PKP wurden nach Moskau geholt und auf diese Weise kaltgestellt, damit an der offiziellen Politik der Komintern keine Zweifel mehr gesät werden konnten.

Der Kritik, an die dieses Buch erinnert, war kein Erfolg beschieden. Erfolg hätte zum Beispiel bedeutet, dass die KPD nach Clara Zetkins Warnungen 1924 selbstkritisch ihre Fehler aufgearbeitet und korrigiert hätte. Das passierte nicht. Zetkin hatte dazu aufgerufen, zu faschistischen und antisemitischen Gruppen eindeutig Distanz zu wahren. Doch sie und andere mussten 1930 verstört zur Kenntnis nehmen, dass erneut »die Grenzlinien zwischen uns und den Nazis verwischt« wurden.[12] Es war nicht die KPD, die vorsichtiger geworden war. Es war Zetkin, die sich zurückzog und ihre Kritik nur noch privat äußerte. Es blieb vor allem ehemaligen Mitgliedern kommunistischer Parteien vorbehalten, sich öffentlich gegen die Politik unter Stalin und Thälmann auszusprechen.

Sich auf die wenigen Linken zu konzentrieren, die beim Antisemitismus in den eigenen Reihen keine Zugeständnisse machten, wirft die Frage auf, warum sie an einem Punkt gefestigter, kritischer oder mutiger waren als die Mehrheit ihrer Genossinnen und Genossen. Im Fall von Berkman, Goldman, Luxemburg oder Trotzki scheint die Antwort nahezuliegen: Sie kamen aus jüdischen Familien Osteuropas und Russlands, sie waren, wie Isaac Deutscher sie genannt hat, »nichtjüdische Juden«. Obwohl sie sich dem Judentum nicht zugehörig fühlten, entkamen sie der Zuordnung durch die Gesellschaft nicht und mussten sich mit der zugewiesenen Rolle auseinandersetzen. Sie gehörten »zur Gesellschaft und doch wieder nicht«, waren »ein Teil von ihr und wiederum nicht«.[13] Auch wenn sich Luxemburg, Marx oder Trotzki selbst nicht als Jüdin oder Jude sahen, waren sie von Judenfeindschaft direkt betroffen. Doch nicht alle Linken, die sich gegen Antisemitismus in der Linken aussprachen, stammten aus jüdischen Familien. Die Frage

12 Clara Zetkin an Fanny Jezierska, 13. August 1931. Zit. n. Kinner: Der deutsche Kommunismus, S. 193–194; Clara Zetkin an Maria Reese, 27. Dezember 1932. Zit. n. Puschnerat: Clara Zetkin, S. 313.

13 Isaac Deutscher: Der nichtjüdische Jude [1958]. In: Ders.: Die ungelöste Judenfrage. Zur Dialektik von Antisemitismus und Zionismus. Berlin 1977, S. 7–20, hier: S. 9.

müsste ohnehin anders lauten. Denn erklärungsbedürftig ist eigentlich nicht, dass sich die Wenigen innerhalb der Linken dagegen aussprachen, Judenfeindschaft zu schüren, oder dass sie vor den möglichen judenfeindlichen Folgen bolschewistischer Politik warnten. Die entscheidende Frage müsste lauten, warum die Mehrheit diese Probleme nicht sah, sie nicht sehen wollte oder jedenfalls nicht ihre Stimme erhob.

Abkürzungsverzeichnis

AAU	Allgemeine Arbeiter-Union
ASP	Antinationale Sozialisten Partei/Gruppe Deutschland
EKKI	Erweitertes Komitee der Kommunistischen Internationale
FAUD	Freie Arbeiterunion Deutschlands
Inprekorr	Internationale Pressekorrespondenz
JKPP	Jüdische Kommunistische Partei Palästinas
Jungdo	Jungdeutscher Orden
KAPD	Kommunistische Arbeiterpartei Deutschlands
Komintern	Kommunistischen Internationale
KPD	Kommunistische Partei Deutschlands
KPD-O	KPD-Opposition
KPdSU	Kommunistische Partei der Sowjetunion
KPR	Kommunistische Partei Russlands
MLPD	Marxistisch-Leninistische Partei Deutschlands
NSDAP	Nationalsozialistische Deutsche Arbeiterpartei
PKP	Palestiniše Komunistiše Partej (Kommunistische Partei Palästinas)
PPS	Polska Partia Socjalistyczna (Polnische Sozialistische Partei)
SAPD	Sozialistische Arbeiterpartei Deutschlands
SAPR	Sozialistische Arbeiterpartei Russlands
SDKPiL	Socjaldemokracja Królestwa Polskiego i Litwy (Sozialdemokratie des Königreichs Polen und Litauen)
SPD	Sozialdemokratische Partei Deutschlands
USPD	Unabhängige Sozialdemokratische Partei Deutschlands
ZK	Zentralkomitee

Literaturverzeichnis

Viele Quellen lassen sich online finden, zum Beispiel auf der Webseite www.marxists.org.

Adamczak, Bini: Gestern Morgen. Über die Einsamkeit kommunistischer Gespenster und die Rekonstruktion der Zukunft. Münster 2007.

Adorno, Theodor W.: Negative Dialektik [1966]. Frankfurt am Main 1973.

Die Aktion. 1911 bis 1932. Hrsg. von Franz Pfemfert. Vollständiger Nachdruck. 15 Bde. Nendeln 1976.

Babel, Isaak: Tagebuch 1920. Aus dem Russischen v. Peter Urban. Berlin 1990.

Berkman, Alexander: Der bolschewistische Mythos. Tagebuch aus der russischen Revolution 1920–1922 [1925]. Aus dem Amerikanischen v. Michael Halfbrodt. Frankfurt am Main ²2004.

Beßmann, Alyn: Das Verhältnis der Kommunistischen Partei Opposition (KPO) zu den Konsensfaktoren Nationalismus und Antisemitismus. Eine zeitgenössische Beurteilung der Zustimmung der deutschen Bevölkerung zum Nationalsozialismus. Hamburg 1998. Unveröffentlicht.

Bock, Hans Manfred: Syndikalismus und Linkskommunismus von 1918 bis 1923. Ein Beitrag zur Sozial- und Ideengeschichte der frühen Weimarer Republik [1969]. Darmstadt 1993.

Brosch, Matthias u.a. (Hg.): Exklusive Solidarität. Linker Antisemitismus in Deutschland. Vom Idealismus zur Antiglobalisierungsbewegung. Berlin 2007.

Bruhn, Joachim: Avantgarde und Ideologie. Nachbemerkung zum Rätekommunismus. In: Willy Huhn: Der Etatismus der Sozialdemokratie. Zur Vorgeschichte des Nazifaschismus. Freiburg im Breisgau 2003, S. 197–208.

Brumlik, Micha u.a. (Hg.): Der Antisemitismus und die Linke. Frankfurt am Main 1991.

Dimitroff, Georgi: Die Offensive des Faschismus und die Aufgaben der Kommunistischen Internationale im Kampf für die Einheit der Arbeiterklasse gegen den Faschismus. In: Wilhelm Pieck u.a.: Die Offensive des Faschismus und die Aufgaben der Kommunistischen Internationale im Kampf für die Volksfront gegen Krieg und Faschismus. Referate auf dem VII. Kongreß der Kommunistischen Internationale [1935]. Berlin (Ost) 1957, S. 85–178.

Dokumente zum Studium der Palästina-Frage (1922–1948). Offenbach 1997.

Fetscher, Iring (Hg.): Marxisten gegen Antisemitismus. Hamburg 1974.

Fischer, Lars: The Socialist Response to Antisemitism in Imperial Germany. Cambridge 2007.

Flechtheim, Ossip K.: Die KPD in der Weimarer Republik [1948]. Frankfurt am Main [2]1976.

Flores, Alexander: Nationalismus und Sozialismus im arabischen Osten. Kommunistische Partei und arabische Nationalbewegung in Palästina 1919–1948. Münster 1980.

Gegen den Strom. Organ der KPD (Opposition). 1928 bis 1935. Vollständiger Nachdruck. 3 Bde. Hamburg 1985.

Geyer, Martin H.: Kapitalismus und politische Moral in der Zwischenkriegszeit. Oder: Wer war Julius Barmat? Hamburg 2018.

Globisch, Claudia: Radikaler Antisemitismus. Inklusions- und Exklusionssemantiken von links und rechts in Deutschland. Wiesbaden 2013.

Goldman, Emma: Meine zwei Jahre in Russland [1922/25]. Aus dem Amerikanischen v. einem Autor*innenkollektiv. München 2020.

Goldman, Emma: Gelebtes Leben. Autobiografie. Aus dem Amerikanischen v. Marlen Breitinger u.a. Hamburg 2010.

Gremliza, Hermann L. (Hg.): Hat Israel noch eine Chance? Palästina in der neuen Weltordnung. Hamburg 2001.

Grigat, Stephan: Fetisch und Freiheit. Über die Rezeption der Marxschen Fetischkritik, die Emanzipation von Staat und Kapital und die Kritik des Antisemitismus. Freiburg im Breisgau 2007.

Grigat, Stephan: Die Einsamkeit Israels. Zionismus, die israelische Linke und die iranische Bedrohung. Hamburg 2014.

Gruppe MAGMA: »... denn Angriff ist die beste Verteidigung«. Die KPD zwischen Revolution und Faschismus. Bonn 2001.

Haury, Thomas: Antisemitismus von links. Nationalismus, kommunistische Ideologie und Antizionismus in der frühen DDR. Hamburg 2002.

Heinrich, Michael: Kritik der politischen Ökonomie. Eine Einführung. Stuttgart [2]2004.

Heller, Otto: Der Untergang des Judentums. Die Judenfrage/Ihre Kritik/Ihre Lösung durch den Sozialismus. Berlin/Wien 1931.

Herbeck, Ulrich: Antisemitismus seit Beginn der Sowjetunion? In: Jens Mecklenburg/Wolfgang Wippermann (Hg.): »Roter Holocaust«? Kritik des Schwarzbuchs des Kommunismus. Hamburg 1998, S. 142–157.

Horrox, James: Gelebte Revolution. Anarchismus in der Kibbuzbewegung. Aus dem Englischen von Lou Marin. Heidelberg 2021.

Imhoff, Maximilian Elias: Antisemitismus in der Linken. Ergebnisse einer quantitativen Befragung. Frankfurt am Main 2011.

Initiative Sozialistisches Forum (ISF): Furchtbare Antisemiten, ehrbare Antizionisten. Über Israel und linksdeutsche Ideologie. Freiburg im Breisgau [2]2002.

Jay, Martin: Anti-Semitism and the Weimar Left. In: Ders.: Permanent Exiles. Essays on the Intellectual Migration from Germany to America. New York 1985, S. 79–89.

Keilson, Hans: Zum Problem des linken Antisemitismus. Vortrag zur 2. Jahresversammlung der Gesellschaft für Exilforschung am 13. Februar 1986. Hamburg 1986.

Keßler, Marion (Hg.): Arbeiterbewegung und Antisemitismus. Entwicklungslinien im 20. Jahrhundert. Bonn 1993.

Keßler, Mario (Hg.): Leo Trotzki oder Sozialismus gegen Antisemitismus. Berlin 2022.

Keßler, Mario: Sozialisten gegen Antisemitismus. Zur Judenfeindschaft und ihrer Bekämpfung (1844–1939). Hamburg 2022.

Kiefer, Michael: Antisemitismus in den islamischen Gesellschaften. Der Palästina-Konflikt und der Transfer des Feindbildes. Düsseldorf 2002.

Kistenmacher, Olaf: Kritik aus den eigenen Reihen. Alexandra und Franz Pfemfert, Alexander Berkman und Emma Goldman, Leo Trotzki. In: Ders./Hans-Joachim Hahn (Hg.): Beschreibungsversuche der Judenfeindschaft. Zur Geschichte der Antisemitismusforschung vor 1944. Berlin u.a. 2015, S. 360–384.

Kistenmacher, Olaf: Arbeit und »jüdisches Kapital«. Antisemitische Aussagen in der KPD-Tageszeitung *Die Rote Fahne* während der Weimarer Republik. Bremen 2016.

Kistenmacher, Olaf: »Trotzki ist kein Jude.« Antisemitismus in Russland nach der Oktoberrevolution. In: sans phrase. Zeitschrift für Ideologiekritik, Nr. 12/Juni 2018, S. 5–13.

Kloke, Martin W.: Israel und die deutsche Linke. Zur Geschichte eines schwierigen Verhältnisses. Frankfurt am Main 1990.

Kuchenbecker, Antje: Zionismus ohne Zion. Birobidžan: Idee und Geschichte eines jüdischen Staates in Sowjet-Fernost. Berlin 2000.

Leuschen-Seppel, Rosemarie: Sozialdemokratie und Antisemitismus. Die Auseinandersetzungen der Partei mit den konservativen und völkischen Strömungen des Antisemitismus 1871–1914. Bonn 1978.

Löwenthal, Leo: Vorurteilsbilder. Antisemitismus unter amerikanischen Arbeitern [1944/45]. Aus dem Amerikanischen v. Susanne Höppmann-Löwenthal. In: Ders.: Falsche Propheten. Studien zum Autoritarismus. Frankfurt am Main 1990, S. 175–237.

Lustiger, Arno: Rotbuch: Stalin und die Juden. Die tragische Geschichte des Jüdischen Antifaschistischen Komitees und der sowjetischen Juden. Berlin [2]2002.

Luxemburg, Rosa: Nach dem Pogrom. Texte über Antisemitismus 1910/11. Aus dem Polnischen v. Holger Politt. Potsdam 2014.

Luxemburg, Rosa: Nationalitätenfrage und Autonomie. Aus dem Polnischen v. Holger Politt. Berlin 2012.

Massing, Paul W.: Vorgeschichte des politischen Antisemitismus [1949]. Aus dem Amerikanischen von Felix J. Weil. Frankfurt am Main 1959.

McGeever, Brendan: Antisemitism and the Russian Revolution. Cambridge 2019.

Mümken, Jürgen/Wolf, Siegbert (Hg.): »Antisemit, das geht nicht unter Menschen«. Anarchistische Positionen zu Antisemitismus, Zionismus und Israel. Bd. 1. Von Proudhon bis zur Staatsgründung. Lich 2013.

Nagel, Michael/Zimmermann, Moshe (Hg.): Judenfeindschaft und Antisemitismus in der deutschen Presse über fünf Jahrhunderte. Erscheinungsformen, Rezeption, Debatte und Gegenwehr. Bd. II. Bremen 2013.

Navon, Tom: The Jew Is to Be Burned: A Turning Point in the Communist Approach to the »Jewish Question« on the Eve of Catastrophe. In: Jewish History, Nr. 34/2021, S. 331–359.

Postone, Moishe: Zeit, Arbeit und gesellschaftliche Herrschaft. Eine neue Interpretation der kritischen Theorie von Marx. Aus dem Amerikanischen von Manfred Dahlmann u.a. Freiburg 2003.

Postone, Moishe: Deutschland, die Linke und der Holocaust. Politische Interventionen. Aus dem Amerikanischen von Dan Diner u.a. Freiburg 2005.

Ranc, Julijana: Alexandra Ramm-Pfemfert. Ein Gegenleben. Hamburg 2003.

Retzlaw, Karl: German Communists I. Die Kommunistische Partei 1919–1933/German Communists II. War Hitlers Sieg unvermeidlich?. Aus dem Englischen v. Ulrike Ursula Folka/Sebastian Voigt/Robert Zwarg. In: Curt Geyer u.a.: Fight for Freedom. Die Legende vom »anderen Deutschland«. Freiburg im Breisgau 2009, S. 119–150.

Retzlaw, Karl: Spartakus. Aufstieg und Niedergang. Erinnerungen eines Parteiarbeiters. Frankfurt am Main [5]1985.

Riddell, John (Hg.): To See the Dawn. Baku, 1920 – First Congress of the Peoples of the East. New York u.a. 1993.

Rocker, Rudolf: Aus den Memoiren eines deutschen Anarchisten. Frankfurt am Main 1974.

Schatz, Holger/Woeldike, Andrea: Freiheit und Wahn deutscher Arbeit. Zur historischen Aktualität einer folgenreichen antisemitischen Projektion. Hamburg/Münster 2001.

Schmidt, Birgit: Wenn die Partei das Volk entdeckt. Anna Seghers, Bodo Uhse, Ludwig Renn u.a. Ein kritischer Beitrag zur Volksfrontideologie und ihrer Literatur. Münster 2001.

Schmidt, Birgit: Kein Licht auf dem Galgen. Ein Beitrag zur Diskussion um KPD/SED und Antisemitismus. Münster 2006.

Schmidt, Birgit: Jüdisches Subproletariat in New York. Michael Golds *Jews without Money*. In: Hans-Joachim Hahn/Olaf Kistenmacher: Beschreibungsversuche der Judenfeindschaft. Bd. II. Antisemitismus in Text und Bild – zwischen Kritik, Reflexion und Ambivalenz. Berlin/Boston 2019, S. 301–314.

Scholem, Gershom: Von Berlin nach Jerusalem. Jugenderinnerungen [1982]. Aus dem Hebräischen von Michael Brocke/Andrea Schatz. Frankfurt am Main 1997.

Schüddekopf, Otto-Ernst: Nationalbolschewismus in Deutschland 1918–1933. Frankfurt am Main u.a. 1972.

Segev, Tom: Es war einmal ein Palästina. Juden und Araber vor der Staatsgründung Israels. Aus dem Amerikanischen von Doris Gerstner. Berlin 2005.

Silberner, Edmund: Kommunisten zur Judenfrage. Zur Geschichte von Theorie und Praxis des Kommunismus. Opladen 1983.

Sperber, Manès: Die vergebliche Warnung. All das Vergangene… Frankfurt am Main 1983.

Steinberger, Nathan/Broggini, Barbara: Berlin – Moskau – Kolyma und zurück. Ein Gespräch über Stalinismus und Antisemitismus. Berlin/Amsterdam 1996.

Strobl, Ingrid: Das unbegriffene Erbe. Bemerkungen zum Antisemitismus in der Linken. In: Dies.: Das Feld des Vergessens. Jüdischer Widerstand und deutsche »Vergangenheitsbewältigung«. Berlin/Amsterdam ^{2}1995, S. 102–118.

Stürmer, Rhena: Antisemitismus in der KAPD Hamburger Richtung 1919/1920. Vortrag auf der Konferenz »›Klassenkampf und Judenhass?‹ Antisemitismus in der Arbeiterbewegung in Quellen und Dokumenten«. Europa-Universität Viadrina, Frankfurt (Oder), 13. bis 14. November 2018.

Tarach, Tilman: Der ewige Sündenbock. Heiliger Krieg, die »Protokolle der Weisen von Zion« und die Verlogenheit der sogenannten Linken im Nahostkonflikt. Kopenhagen u.a. [2]2009.

Traverso, Enzo: Die Marxisten und die jüdische Frage. Geschichte einer Debatte (1843–1943). Aus dem Französischen v. Astrid St. Germain. Mainz 1995.

Trepper, Leopold: Die Wahrheit. Autobiographie. Aus dem Französischen v. Emmi Heimann u.a. München 1975.

Trotzki, Leo: Mein Leben. Versuch einer Autobiographie. Aus dem Russischen v. Alexandra Ramm. Frankfurt am Main 1987.

Vetter, Matthias: Antisemiten und Bolschewiki. Zum Verhältnis von Sowjetsystem und Judenfeindschaft 1917–1939. Berlin 1995.

Walter, Dirk: Antisemitische Kriminalität und Gewalt. Judenfeindschaft in der Weimarer Republik. Bonn 1999.

Weber, Hermann: Die Wandlung des deutschen Kommunismus. Die Stalinisierung der KPD in der Weimarer Republik. Bd. 1. Frankfurt am Main 1969.

Wenzel, Otto: 1923. Die gescheiterte Deutsche Oktoberrevolution [1955]. Münster 2003.

Wein, Susanne: Bremer Arbeiterbewegung und Antisemitismus 1924 bis 1928. Von »… trotzdem es unter der Decke nicht daran gefehlt hat« bis zu offenem Antisemitismus von links in der Bremer Arbeiterpresse. Bremen 2003. Unveröffentlicht.

Wein, Susanne: Antisemitismus im Reichstag. Judenfeindliche Sprache in Politik und Gesellschaft der Weimarer Republik. Frankfurt am Main u.a. 2014.

Zadoff, Mirjam: Der rote Hiob. Das Leben des Werner Scholem. München 2014.

Abbildungsverzeichnis